수학탐정 매키와
수학도둑 누팡의 대결

일러두기

- 이 책은 두리미디어에서 3권까지 발행한 『수학탐정 매키와 누팡의 대결』을 5권 완간으로 새롭게 펴낸 책입니다.
- 이 책은 '꿈수영(꿈꾸는 수학영재)' 시리즈의 일곱 번째 책입니다. 꿈수영 시리즈는 초등수학을 공부하는 데 유익한 수학동화 시리즈입니다. 대치동에서 수학동화 읽기와 탐구노트 쓰기로 입소문 난 매쓰몽의 교육 노하우로 만든 책들로 구성했습니다.
- 수학동화를 이용한 수학수업과 수학탐구노트 쓰기와 관련된 더 많은 자료는 네이버 매쓰몽 카페(http://cafe.naver.com/brenos)와 블로그(http://blog.naver.com/tndhkqnr86)를 참고하시기 바랍니다.

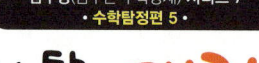

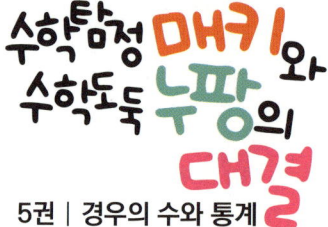

5권 | 경우의 수와 통계

초판 1쇄 찍은날·2023년 5월 1일
초판 1쇄 펴낸날·2023년 5월 8일
펴낸이·박정희 | 펴낸곳·수와북 | 출판등록·제2013-000156호
주소·서울특별시 강남구 선릉로 120, 3층
전화·02-6731-1743 | 팩스·031-911-7931
이메일·pjh0812@naver.com

ISBN 979-11-92633-66-4 (73410)

- 책값은 표지 뒤쪽에 있습니다.
- 파본은 구입하신 서점에서 교환해 드립니다.

지은이의 말

수학탐정 시리즈를 펴내며

　수학은 계산이 아니라 논리입니다. 논리적으로 생각하는 것이 수학을 잘하는 방법이지요. 계산만 반복하면 수학자가 아니라 계산도사가 될 수 있습니다. 계산도사들은 논리를 요구하는 수많은 문장형 문제를 접하게 되면 어려움을 느낄 수 있습니다. 이러한 문장형 문제를 마주치면 논리적으로 생각해 문제를 푸는 순서를 만들어야 합니다.

　이 시리즈는 수학 논리가 뛰어난 매키라는 소년과 수학도둑 누팡의 대결을 통해 수학 논리를 키우는 방법을 재미있게 소개하고 있습니다. 많은 어린이들이 탐정 이야기를 좋아합니다. 저 역시 어린 시절에 괴도 루팡, 셜록 홈즈와 같은 책을 많이 읽었습니다.

초등학교의 수학 과정은 다음과 같이 다섯 개의 영역으로 분류됩니다.

1. 수와 연산
2. 도형
3. 문자와 식
4. 규칙성과 함수
5. 경우의 수와 통계

따라서 이 시리즈 역시 전체 다섯 권을 통해 초등 수학의 전 영역에서 다루는 사고력 문제를 다루고 있습니다. 기계적으로 외우기만 하거나 같은 문제를 반복해서 푸는 수학 공부보다는 스스로 생각하면서 수학 문제를 정복해 보는 훈련이 수학 실력 향상에 도움이 됩니다. 그런 이유로 어린이들이 좋아하는 탐정 이야기를 통해 수학 문제를 아이들이 스스로 익힐 수 있도록 이 책을 집필했습니다.

매키와 함께 사건을 해결하다 보면 논리력과 사고력을 키우게 되고 문제해결 능력을 키울 수 있을 것입니다. 아울러 중고

등학교에 진학했을 때 맞닥뜨릴 수 있는 논리를 요구하는 수학 문제에도 대비할 수 있습니다.

 이 책을 내는 데 도움을 주신 수와북 출판사 여러분에게 감사의 마음을 전합니다.

국립 경상대학교 물리학과 교수 정완상

등장인물

* 매키

IQ 160의 소유자로 초등학교에 다니는 수학천재 소년이다. 미소를 잘 짓고, 눈이 나빠 커다란 안경을 쓰고 다니며, 누가 봐도 모범생으로 보이는 소년이다. 항상 명랑한 편이며, 숫자를 한 번 보고도 외우는 능력이 있고, 로고스 시의 대학생과 견줄 정도로 수학 실력이 뛰어나다. 의협심이 강하고 호기심이 왕성하며, 뭐든지 겁 없이 도전하는 성격이다. 학교생활도 모범적이고, 친구들의 일을 자신의 일처럼 생각해 잘 해결해 주며, 용감한 성격으로 주저브 경감을 도와서 누팡과 맞선다.

* 누팡

그가 왜 로고스 시에 왔는지 그가 왜 도둑질을 하는지에 대해서는 알려진 바가 없다. 하지만 그는 자신을 추종하는 몇 명의 부하와 함께 로고스 시에 은신하면서 수학을 이용해 도둑질을 일삼는다. 하지만 사람은 해치지 않으며, 어떨 때는 자신의 수학 실력을 뽐내기 위해 사건을 일으키기도 한다. 누팡은 과거에 수학 논문을 표절하여 학계에서 추방당한 젊은 수학자로 알려져 있다. 역삼각형 모양의 예리해 보이는 얼굴로 항상 선글라스를 쓰고 다니며 변장을 잘하는 것으로 알려져 있다. 20대의 나이로 알려져 있다.

*주저브 경감

로고스 시에서 조그만 경찰서를 지키면서 사건을 해결하는 혼자 사는 50대의 남자이다. 약간 보수적이고 수학 실력은 형편없는 편이어서, 매키가 없을 때는 누팡의 수학 속임수에 자주 당한다. 낮잠을 자주 자고, 똥배가 조금 나와서 민첩성은 없고 조금은 엄한 편이지만 매키와는 다정한 친구처럼 사이가 좋다.

*포터 형사

주저브 경감의 부하 직원으로 매키의 도움을 받아 주저브 경감과 함께 사건을 해결하곤 한다. 엄청나게 성실해서 주저브 경감이 낮잠을 잘 때도 증거를 수집하러 다니는 모습을 종종 볼 수 있다.

차례

머리말 ☆ '꿈수영' 시리즈 일곱 번째 책을 펴내며 • 04

지은이의 말 ☆ 수학탐정 시리즈를 펴내며 • 07

등장인물 ☆ 10

1장
사기도박사를 잡아라! **- 경우의 수** • 14
수학특강 | 주사위의 눈의 합 • 27

2장
앙쥬 조각상 도난 사건 **- 길 찾기** • 28
수학특강 | 가장 빠른 길 찾기 • 39

3장
어리벙벙 삼총사의 암호 **- 중복순열** • 42
수학특강 | 모르스 부호 이야기 • 54

4장
아무도 못 푸는 문제 **- 하노이의 탑** • 56
수학특강 | 하노이의 탑 • 69

5장
빠진 사진 한 장 **- 조합** • 70
수학특강 | 조합 • 82

6장
30개의 다른 옷 **- 경우의 수의 곱의 법칙** • 84
수학특강 | 경우의 수를 구하는 곱의 법칙 • 96

7장 뒤바뀐 카지노 돌림판 **-원순열** • 98
수학특강 | 원순열 • 110

8장 사라진 휘장 하나를 찾아라! **-원순열의 응용** • 112
수학특강 | 정사각형과 원에 배열하기 • 122

9장 다음 범행 장소를 알아내라! **-사전식 배열** • 124
수학특강 | 순열 • 135

10장 누팡의 은신처를 찾아라! **-길 찾기의 응용** • 138
수학특강 | 우체통 문제 • 152

11장 3초 만에 암호를 풀어라! **-평균** • 154
수학특강 | 산포도 • 166

12장 계단의 암호를 풀어라! **-조합의 응용** • 168
수학특강 | 야구 대회와 경우의 수 • 182

13장 누팡의 최후 **-파스칼의 삼각형** • 184
수학특강 | 도수분포표 • 196

부록 탐구노트 쓰기 • 198

사기도박사를 잡아라!
-경우의 수

'따르르릉~'

이른 새벽에 매키의 휴대폰이 울렸다. 잠에서 깬 매키는 휴대폰을 귀에 댔다.

"여보세요."

"매키! 나 포터야……."

"포터 아저씨?"

시계를 보니 새벽 4시가 조금 넘은 한밤중이었다.

"새벽에 무슨 일로……."

"나 좀 도와줘……. 도박사에게 가진 돈을 모두 잃었어……."

"네? 도박사요?"

매키는 서둘러 포터 형사가 있는 곳으로 달려갔다. 포터 형사는 경찰서 앞 계단에 어깨가 축 처진 채로 힘없이 앉아 있었다.

"어떻게 된 일이에요?"

"그게…… 얼마 전에 로고스 시에 도박사가 나타났어. 어떤 사람의 신고를 받고 출동했는데……. 한 번만 해야지 하고 도박을 했지……. 그런데 하다 보니까 거의 전 재산을 잃고 말았어. 주저브 경감님이 알면 당장 날 철창에 집어넣으실 거야……."

"일단 일어나세요. 저랑 같이 가요!"

"그, 그래……."

매키와 포터 형사는 도박사에게 찾아갔다. 도박장에는 많은 사람들이 도박을 하고 있었다. 멀리서 포터 형사를 발견한 도박사는 반갑게 그를 맞이했다.

"아이고~ 우리 형사님 오셨네. 하하하! 왜? 또 하시려고?"

"이거 어떻게 하는 거예요?"

매키는 도박사가 펼쳐 놓은 물건들을 보고 물어보았다.

"꼬마야! 어린 애들은 안 돼! 어서 집에 가서 잠이나 더 자렴! 이 새벽에 잠은 안 자고 뭐하는 거야? 아저씨한테 혼난다!"

도박사는 수염이 덥수룩하게 자랐고 피부도 까무잡잡해서 지저분해 보였다. 그의 음흉한 미소는 사기꾼의 냄새를 풍겼다.

"알려 주세요!"

"어허~ 어서 가라니까!"

"제 조카예요. 그냥 게임인 줄 알고 그러는 거예요. 하하하~"

"형사님! 한 번 더 하시죠? 하하하~ 너무 돈을 많이 잃으셨나? 운이 너무 없으시더라. 한 번만 더해서 왕창 따세요!"

"그럼 한 번만……."

또다시 도박사의 꾐에 넘어가 버린 포터 형사가 지갑을 열려고 했다. 매키가 포터 형사의 손을 꼭 쥐었다.

"아저씨! 정신 차리세요. 이건 분명 사기일 거예요."

"그렇지만……. 그동안 잃은 돈이……."

"또 하면 또 잃을 거예요."

"알았어……."

"도박사에게 게임에 대해 설명해 달라고 하세요. 제가 말하면 대꾸도 안 하니까……."

마침 도박사는 새로운 손님을 받느라 게임 설명에 열을 올리고 있었다.

"자, 아주 간단한 게임입니다. 이 상자 속에는 1부터 10까지 써 있는 탁구공 10개가 들어 있습니다. 동시에 두 개를 뽑아서 그 합을 맞추는 것입니다. 즉, 뽑기 전에 두 수의 합을 이야기하는 것이 포인트죠! 하하하! 애들은 가라~ 애들은 가! 우리 어른들의 아주 순수한 게임입니다. 절대 도박이 아닙니다. 하하하!"

손님이 판돈을 걸었다.

"여기 100달란이요."

도박사가 말했다.

"예! 그럼 저 먼저 예측하겠습니다. 저는 11!"

손님이 공 두 개를 꺼내 들며 말했다.

"저는 12요."

도박사가 공에 써 있는 수를 확인하며 말했다.

"어라? 11이네요……. 이런~ 정말 안타깝군요. 다음 기회를 또 이용해 주십시오. 하하하!"

도박사는 싱글벙글 신나 있었다. 그 손님은 안타까워하면서 여러 차례 도박을 했다. 포터 형사도 그랬던 것이다.

"매키! 내 돈을 돌려받을 수는 없을까?"

"……."

"돈을 못 찾으면 정말 끝이야……. 경찰인 내가 도박을 하다니……. 신고를 할 수도 없고……. 흑흑."

포터 형사는 답답한 마음에 울기 시작했다. 매키는 포터 형사의 등을 쓰다듬어 주었다.

'저 도박사는 어떤 속임수를 쓰는 걸까? 그는 하는 족족 돈을 벌어들이고 있어……. 뭔가 있어! 분명히 무언가가!'

아침 해가 환하게 비추었다. 도박사는 물건들을 정리하고 자리를 뜨려고 했다.

"잠깐! 어디 가는 겁니까?"

"오늘은 그만해야죠! 12시가 되면 다시 올 거예요. 하하하~ 형사님! 그럼 그때까지 돈이나 준비해 오세요. 하하하!"

매키와 포터 형사는 일단 경찰서로 돌아왔다. 포터 형사는 하루 종일 한숨만 잔뜩 쉬며 밥도 제대로 먹지 못했다.

"휴우……."

"어이, 포터! 무슨 일이야? 좋아하는 밥도 안 먹고……."

"아무 일도 아닙니다."

포터 형사는 자리에서 일어나 화장실로 갔다. 주저브 경감은 무언가를 눈치챈 듯 매키를 불렀다.

"매키야! 포터한테 무슨 일 있니?"

"아니에요. 그냥 기분이 안 좋으신가 봐요……."

"아닌 것 같은데……."

포터 형사가 다시 자리로 돌아왔다.

"참! 포터, 어제 도박사는 잡았나?"

"네? 저는 도박을 안 했습니다!"

순간 포터 형사는 자기도 모르게 깜짝 놀라며 소리쳤다.

"무슨 소리야? 도박사를 잡았느냐고 물었는데……. 혹시 자네, 도박한 거야?"

"아……. 아, 아닙니다."

"말은 왜 더듬지? 자네는 거짓말하면 말을 더듬잖아? 솔직히 불어! 도박한 거야? 그 도박사한테?"

"그게, 저기……. 한 번만 하려고 했는데 하다 보니까……."

"자네, 지금 제정신이야? 도박사를 잡아 오라고 보냈더니 도박을 하고 와? 이런……. 정신 나갔군!"

"죄송합니다……."

"당장 잡아들여! 그리고 자네도 처벌을 각오해!"

"경감님……."

주저브 경감은 머리끝까지 화가 나서 밖으로 나갔다. 밤 12시가 되자 매키와 포터 형사는 다시 도박사를 찾아갔다. 대여섯 명의 사람들이 모여 도박을 하고 있었다.

"형사님! 오셨어요? 하하하~ 돈은 준비하셨나?"

포터 형사를 발견한 도박사는 반가운 기색이었다. 매키는 포터 형사에게 속삭였다.

"아저씨! 한 번만 해봐요. 제가 알아낼게요."

"그래……. 어이, 한 판만 하려고!"

"어서 오세요. 하하하~"

포터 형사는 10달란을 걸었다.

"어휴, 10달란이 뭐야? 적어도 100달란은 걸어야죠!"

"이번 판만 10달란만 하고……."

"그래요!"

도박사는 상자를 흔들며 공을 섞었다. 그리고 먼저 외쳤다.

"나는 11!"

"그럼 나는 13!"

포터 형사가 두 개의 공을 꺼냈다.

'11?'

또 공의 합은 11이 나왔다. 매키는 고개를 끄덕이며 뭔가를 알아낸 듯했다.

"아이고~ 형사님! 또 못 맞히셨네. 다시 한 번 해봐요. 이번에는 될 거 같기도 한데요."

"한 번만……. 딱 한 번만?"

"그래요! 딱! 한 번!"

포터 형사는 이번에는 100달란을 걸었다. 그리고 공을 섞고 도박사가 먼저 말했다.

"난 11!"

"난……. 12."

포터 형사는 다시 공을 꺼냈다.

"에잇! 또 11이잖아!"

도박사는 신이 난 표정으로 울상을 짓는 포터 형사를 위로했다.

"오늘은 운이 없으신가 보네! 다음에 또 해요! 하하하~"

그때였다. 이를 유심히 지켜보던 매키가 소리쳤다.

"도박사 아저씨!"

"아니, 저 꼬맹이가 또 왔네!"

"저도 할래요. 저 돈 많아요."

매키는 1,000달란을 꺼내 들었다. 매키가 꺼낸 돈을 바라보며 도박사는 입맛을 다셨다.

"꼬맹아, 돈이 많구나? 그럼 딱 한 번만 해야 한다. 하하하~"

"대신에 제가 먼저 말할래요. 저는 11이요!"

"안 돼! 내가 먼저야. 11. 넌 다른 숫자를 골라!"

"왜요? 전 11할래요."

"안 된다니까! 그냥 집에나 가라~"

도박사는 서둘러 물건들을 정리했다. 그러자 매키가 상자를 잡으며 말했다.

"도박사 아저씨! 당신은 사기꾼이군요!"

"뭐라고? 이 꼬마가 지금 무슨 소리하는 거야? 너, 어른한테 이러는 거 아니다!"

"일단 경찰서로 가시죠?"

매키가 눈짓을 보내자 포터 형사는 도박사에게 수갑을 채웠다. 그리고 경찰차에 태워 경찰서로 향했다.

<u>**매키는 도박사가 사기꾼이라는 것을 어떻게 알아낼 수 있었을까?**</u>

 ## 수학으로 범인 찾기

 왜 사기라는 거지?

 이 게임은 공정하지 않아요.

 왜?

 두 수의 합이 나오는 경우의 수가 두 수의 합에 따라 달라지기 때문이지요.

 어떻게?

 예를 들어, 3이 되는 경우는 1과 2의 한 가지 경우뿐이지만 5가 되는 경우는 1과 4, 2와 3의 두 가지의 경우가 생기지요. 모든 경우를 나타내면 다음과 같아요.

1가지 경우: 3, 4, 18, 19

2가지 경우: 5, 6, 16, 17

3가지 경우: 7, 8, 14, 15

4가지 경우: 9, 10, 12, 13

5가지 경우: 11

11은 다섯 가지 경우가 생기는군.

 그래요. 1과 10, 2와 9, 3과 8, 4와 7, 5와 6이 가능하지요. 그러니까 도박사가 선택한 11이 나오는 경우가 더 많이 생기니까 이런 게임을 오래 하면 도박사가 유리하지요.

 그렇군.

수학특강: 주사위의 눈의 합

 서로 다른 두 개의 주사위를 동시에 던질 때 눈의 합이 7이 되는 경우의 수를 구해 봅시다.

 서로 다른 주사위를 A, B라고 하죠. 이때 눈의 합이 7이 되는 경우는 다음과 같습니다.

A	B
1	6
2	5
3	4
4	3
5	2
6	1

 그러니까 주사위의 눈의 합이 7이 되는 경우의 수는 6가지입니다.

앙쥬 조각상 도난 사건
-길 찾기

오전 5시 47분.

로고스 시에 있는 아르떼 박물관에 요란한 경보음이 울렸다.

'띠용 띠용~'

주저브 경감과 포터 형사, 매키는 도난 사건이 발생했다는 연락을 받고 급히 아르떼 박물관으로 출동했다.

"앙쥬 조각상이 없어졌어요. 우리 아르떼 박물관에서 가장 비싼 작품인데……. 어떤 녀석인지 삼중 보안장치를 뚫고 훔쳐 갔어요. 휴우……."

박물관장 젤랑 씨는 한숨을 쉬며 망연자실한 표정이었다.

"보안장치가 어떻게 되어 있었죠? 작동은 잘되었나요?"

"보안장치야 항상 작동하죠! 게다가 앙쥬 조각상까지 진입하기 위해서는 세 가지의 보안장치를 통과해야 하죠. 기본적으로 박물관 입구 그리고 비밀번호로 잠겨 있는 문이 또 있고, 무엇보다 최첨단 보안 시스템 장치가 있죠. 다른 건 몰라도 그게 뚫릴 줄은 몰랐어요. 매일매일 달라지는 모양이라 사실상 5초 안에 그것을 푼다는 것은 불가능하죠."

박물관장은 최첨단 보안장치로 다가가 주저브 경감에게 보여 주었다.

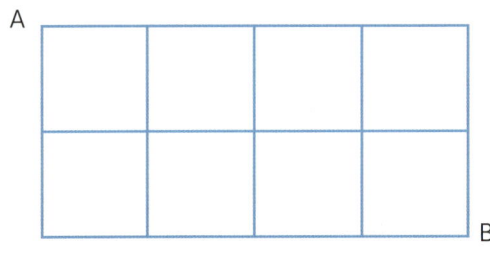

"바로 이것입니다. A에서 B까지 거리가 가장 짧은 길의 개수를 입력하여야 문이 열리는 것입니다. 하지만 이 모양은 날마다 달라지기 때문에 저희로서도 예측이 불가능한 시스템입니다. 그리고 사건 당시에는 이 모양이 아니라 바로 이 모양이었습니다. 범인이 이걸 풀고 조각상을 들고 도망가다가 마지막 문에서 경보음이 울려서 경비원들이 출동했을 때에는 이미 늦었습니다."

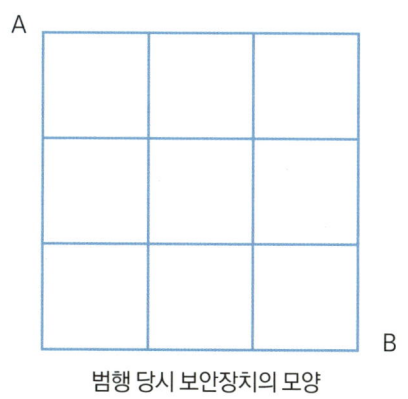
범행 당시 보안장치의 모양

매키는 범행 당시 보안장치의 모양을 유심히 들여다보았다.

"보통 녀석이 아니군……."

"좀도둑은 아닌 것 같습니다."

주저브 경감, 포터 형사, 매키는 머리를 맞대고 보안장치를 보고 있었다. 그때 경비원 한 사람이 다가왔다.

"저기……. 제가 새벽 근무 담당자입니다. 어두워서 잘은 못 보았는데……. 도망치는 범인을 어렴풋하게 보았습니다. 멀리 있어서 얼굴은 보지 못했지만……."

"그래요? 혼자였나요?"

"네. 키는 180cm 정도의 큰 키였고, 분명 혼자 조각상을 안고 달려갔어요. 까만 망토를 두른 탓에 자세히 볼 수 없었고 요……. 참! CCTV가 설치되어 있었으니까 모습이 잡혔을지도 몰라요."

주저브 경감 일행은 CCTV가 녹화된 경비실로 갔다. 다행히 범인은 CCTV를 훼손하지 않았다. 하지만 아주 빠른 속도로 달려가는 바람에 모습이 제대로 보이지 않았다. 느리게 재생해 보았지만 경비원의 말대로 까만 망토를 두르고 있어서 모습이 자세히 보이지 않았다.

"뭐야? 딱히 잡힌 게 없잖아? 아무튼 단독 범행은 확실하군."

"정말 겁 없는 녀석이네요. 보통 한 사람은 망을 보고, 한 사람은 암호를 풀고 뭐 이런 식으로 여러 명이 범행하는 경우가 많은데……. 혼자서 해치웠다니……."

"포터! 그래서 범인을 존경이라도 하나?"

"그게 아니라……. 그냥 대단한 것 같아서……."

두 사람이 옥신각신하는 동안 매키의 모습은 보이지 않았다.

"매키는 어디 갔지?"

"아마도 그 보안장치 앞에 있을 거예요."

"그래? 아무튼 범인을 이번엔 잡기 힘들겠어. 단서도 없고……."

"정말 완전 범죄군요!"

"형사라는 녀석이 그런 걸 힘주어 말할 필요가 있나? 아이고~ 어서 매키나 데려오라고!"

매키는 보안장치 앞에서 꼼짝 않고 서 있었다.

'이 문제를 5초 안에 풀었다니……. 게다가 문제가 매일 바

꿔니까 미리 준비할 수도 없었을 텐데……. 범인은 수학을 잘하는 사람이 분명해. 누굴까?'

"매키! 무슨 생각을 그렇게 하길래 불러도 대답이 없어? 어서 경찰서로 돌아가자! 경감님이 기다리셔!"

포터 형사는 매키의 어깨에 손을 올렸다.

"네? 벌써요?"

"아무런 단서가 없어. 차라리 목격자를 기다리는 편이 더 나을 것 같아. CCTV도 살펴봤는데 범인이 혼자라는 거 말고는 다른 단서는 하나도 나오지 않았어."

"그럼 확실히 단독으로 저지른 일이에요?"

"일단 그렇게 확신하고 있어!"

"저기……. 조금만 더 있다가 가요."

"왜? 뭔가 알아낸 게 있어?"

매키는 조각상이 있던 자리와 입구에서 조각상까지 오는 출입구를 둘러보았다.

"아까 5초 안에 이게 열리지 않으면 어떻게 된다고 했죠?"

"기계를 켜고 5초 이내에 문제를 풀지 못하면 바로 모든 출입구가 닫히지. 즉 꼼짝없이 아르떼 박물관에 갇혀서 잡히게 된다는 거야!"

"그래요? 그럼……. 확실해졌어요! 혼자서 이 문제를 5초 안에 풀고 나갈 수 있는 사람은 단 한 사람이에요!"

매키는 확신에 찬 표정으로 주저브 경감에게 달려갔다.

"주저브 아저씨!"

"매키, 어서 경찰서로 가자! 여기에 더 있어도 나올 것도 없고 목격자를 찾는 일에 매달릴 수밖에 없어."

"아니에요. 범인을 찾았어요!"

"뭐라고?"

"범인은 누팡이에요!"

"누팡? 확실한 물증이 나온 거야?"

"물증보다……. 심증이 확실해요! 그 문제를 5초 안에 풀 수 있는 사람은 누팡밖에 없어요."

"하긴……. 혼자서 이 범행을 저지를 사람은 그 녀석밖에 없기도 하지. 검은 망토……. 누팡!"

주저브 경감 일행은 경찰서로 돌아와 누팡을 아르떼 박물관의 앙쥬 조각상 도난범으로 지명 수배를 내렸다.

"그나저나 매키! 누팡은 어떻게 그 문제를 5초 안에 풀 수 있었지?"

"좀 어렵지만……. 풀 수는 있어요!"

"그럼 너도 풀 수 있는 거야?"

"네, 물론이죠! 하하하~"

"정말? 어떻게?"

"그건……. 박물관의 보안상 비밀이에요~"

매키는 주저브 경감을 약 올리면서 경찰서를 나섰다. 주저브 경감은 매키를 쫓아가며 어린아이처럼 매달렸다.

"매키, 나한테만 알려 줘라. 응?"

"안 돼요!"

"한 번만……."

매키와 누팡은 이 문제를 어떻게 5초 이내에 풀었을까?

 ## 수학으로 범인 찾기

 이 문제를 어떻게 푼 거지?

 간단해요. 가로 칸의 개수와 세로 칸의 개수만 알면 돼요.

 무슨 말이지?

 예를 들어, 다음 그림을 보죠.

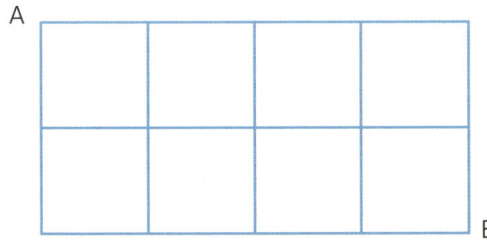

 가로 칸의 개수는 4개, 세로 칸의 개수는 2개이므로 A에서 B로 가는 최단 경로의 개수는 $\dfrac{(4+2)!}{4! \times 2!} = 15$(가지)가 되죠.

 수 뒤에 있는 느낌표는 뭐지?

 그건 느낌표가 아니라 팩토리얼이라는 기호예요. 그 수에서부터 1씩 작은 수를 곱해 1까지 곱한 걸 말하지요. 예를 들면, 다음과 같아요.

$$2!=2\times1=2$$

$$3!=3\times2\times1=6$$

$$4!=4\times3\times2\times1=24$$

$$5!=5\times4\times3\times2\times1=120$$

$$6!=6\times5\times4\times3\times2\times1=720$$

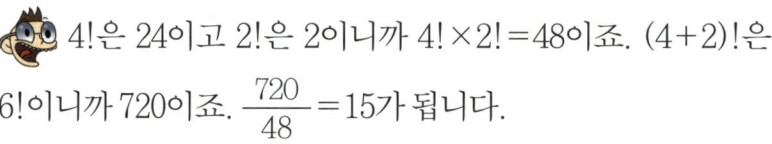 4!은 24이고 2!은 2이니까 4!×2!=48이죠. (4+2)!은 6!이니까 720이죠. $\frac{720}{48}$ =15가 됩니다.

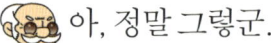 아, 정말 그렇군.

가장 빠른 길 찾기

가장 빠른 길을 찾는 방법을 알아보기로 하죠. 다음 그림과 같은 길이 있다고 하죠.

가장 빠른 길, 즉 최단 경로를 모두 그리면 다음과 같습니다.

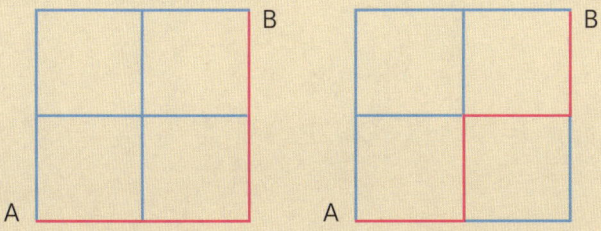

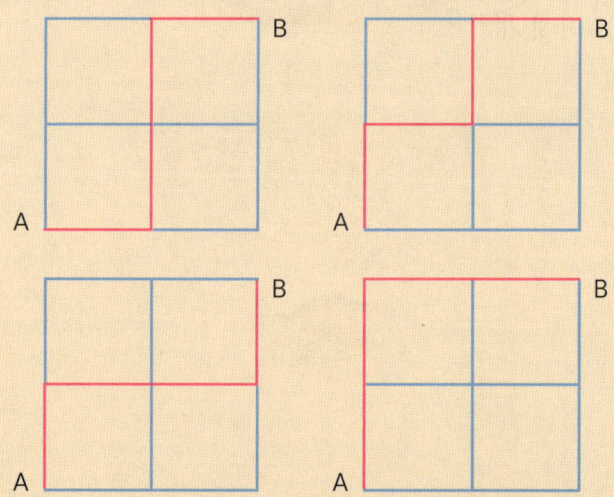

모두 여섯 가지입니다. 그럼 맨 처음 경로를 봅시다.

가로 길로 두 칸을 갔다가 세로 길로 두 칸을 갔습니다. 이것을 다음과 같이 써 봅시다.

가 가 세 세

그러면 여섯 개의 경로는 다음과 같이 쓸 수 있습니다.

가 가 세 세

가 세 가 세

가 세 세 가

세 가 세 가

세 가 가 세

세 세 가 가

이것은 4!÷2!÷2!=6(가지)와 같습니다. 그러므로 가장 짧은 길을 찾는 문제는 가로와 세로의 칸의 수의 합의 팩토리얼(!)을 가로의 수의 팩토리얼과 세로의 수의 팩토리얼로 나눈 결과가 됩니다.

3장

어리벙벙 삼총사의 암호
-중복순열

'새로운 이메일이 도착했습니다.'

주저브 경감에게 한 통의 이메일이 도착했다.

"뭐지? 누가 나한테 이메일을……. 발신인이 누팡?"

주저브 경감은 눈을 부릅뜨고 빠르게 마우스로 편지 모양의 아이콘을 클릭했다.

'어리석은 주저브 경감!

아직도 나를 잡을 수 있다고 생각하나?

그렇다면 몽블랑 레스토랑으로 오게.

과연 이번에는 자네가 나를 잡을 수 있을까?'

-누팡

이메일을 확인하자마자 주저브 경감과 포터 형사는 몽블랑 레스토랑으로 출동했다.

'이번만큼은 절대 놓칠 수 없어! 독 안에 든 쥐를 놓치는 건 나의 명예에 먹칠을 하는 거야! 내 손으로 녀석을 잡고 말 거야!'

몽블랑 레스토랑은 로고스 시내에 있는 유명한 프랑스 요리 전문점이다. 이른 아침이라 아직 문을 열지 않았다.

"경감님! 이상하지 않아요? 아직 오전 7시밖에 안 됐는데……. 레스토랑은 9시에 문을 열어요. 괜히 헛수고만 하는 건 아닌지……. 누군가가 장난으로 이메일을 보냈을 수도 있잖아요. 경감님에게 원한을 품은 사람들이 한둘도 아니고……."

"아니! 이번에는 확실해. 내 직감이야……. 누팡이 보낸 이메일이 확실해! 녀석은 지금 레스토랑에 있어. 날 기다리고 있다고……."

주저브 경감은 확신에 가득 차 있었다. 몽블랑 레스토랑에 다다르자 경찰들이 기다리고 있었다.

"주저브 경감님?"

"그렇습니다. 그런데 경찰서에서 지원해 준다는 사람들이……. 세 분만 오신 겁니까?"

"네. 저희는 특수 수사대입니다. 저는 리더인 앙니입니다. 반갑습니다."

"예……. 저는 주저브 경감입니다. 지원 나와 주셔서 감사합니다."

세 사람은 특수 수사대라고 하기에는 특별히 건장하다거나 날카로워 보이지 않았다. 한 명은 키는 크지만 매우 말랐고, 또 한 명은 뚱뚱하고 작은 키에 수염도 지저분하게 나 있었다. 그나마 한 명은 평범한 외모였다. 게다가 세 사람 모두 대머리였다. 가발을 쓰고 모자까지 썼지만 대머리인 것이 너무 티가 났다.

"풋……."

조금은 우스꽝스러운 모습에 포터 형사가 웃음을 참지 못했다.

"죄송합니다……."

세 명의 특수 수사대는 마치 광대처럼 어리벙벙해 보였다. 그래서 주저브 경감은 마음에 들지 않았다.

"아무튼……. 이번 작전은 매우 중요합니다."

"저희도 익히 들어서 알고 있습니다. 누팡이라는 어마어마한 지능범 말씀이죠? 정말 이 몽블랑 레스토랑에 있는 겁니까?"

"아마도……. 있을 겁니다."

"그럼 일단 위험하니까 저희가 먼저 들어가서 살펴보겠습니다. 경감님과 형사님은 차 안에서 기다려 주십시오."

세 명의 어리벙벙 특수 수사대원들은 레스토랑 안으로 진입하기 위해 조심조심 문으로 다가갔다.

"잠깐만!"

주저브 경감이 세 사람을 불러 세웠다.

"무슨 일이십니까?"

"그게……. 차라리 저희가 들어가겠습니다. 누팡은 보통 녀석이 아닙니다. 이미 저희도 몇 차례 당한 적이 있으니……. 게다가 누팡이 저에게 이메일을 보냈으니……. 세 분은 여기서 대기하시고 제가 들어가겠습니다."

"경감님! 지금 저희를 못 믿으시는 겁니까? 저희는 특수 훈련을 받은 특수 수사대입니다. 걱정하지 마십시오. 만약 저희가 위험에 처하게 되면……. 뭐 그럴 일은 없겠지만……. 아무튼 혹시라도 그런 일이 생긴다면 암호를 보내겠습니다. 그럼 됐죠? 누팡을 잡아오겠습니다. 잠시만 기다리세요. 하하하!"

앙니 씨는 호언장담하며 대원들과 레스토랑 안으로 들어갔다.

"저기! 잠깐만~"

주저브 경감이 불렀지만 이미 세 사람은 안으로 들어가 버렸다.

"경감님! 저 사람들은 정말 어리벙벙하네요. 무슨 특수 수사대가 저럽니까? 누팡이 보면 비웃겠네요. 하하하~"

"그러게……. 게다가 암호가 뭔지 서로 약속을 해야 할 거 아니야! 아휴~ 이러다가 또 누팡만 놓치지는 않을까 걱정이네……. 누팡을 잡을 수 있는 최고의 기회인데……. 그냥 우리가 해결하는 게 나을 거 같은데……."

레스토랑 안에서는 몇 분이 지나도 아무런 소리도 나지 않았다. 그러자 주저브 경감과 포터 형사는 더욱 불안해졌다. 그때였다. 매키가 달려왔다.

"아저씨들, 저 왔어요!"

"그래, 마침 잘 왔구나!"

"포터 아저씨! 이러고만 있으면 안 되겠어요. 옆 건물 2층으로 가면 유리창으로 레스토랑 안을 볼 수 있을 것 같아요."

매키는 주저브 경감과 포터 형사와 함께 몽블랑 레스토랑 옆 건물 2층으로 올라갔다. 그곳은 일반 가정집이었다.

'땡동~'

"누구세요?"

"경찰입니다. 잠시 협조 좀 부탁드립니다."

집주인은 중년의 여성이었다. 다행히 협조에 순순히 응하여 베란다를 빌려주었다.

"잘 안 보여요……."

"해가 떠서 빛이 유리에 반사되어서 그래. 저기! 어리벙벙 삼총사다!"

"어리벙벙 삼총사? 하하하! 정말 그렇네요. 유리창 쪽에 바짝 붙어 있네요……. 세 명 다 가발을 쓰고 모자까지 썼네요. 하하하~"

"누팡! 누팡이야! 저기 검은 그림자! 레스토랑 안에 누팡이 있어. 혼자 앉아 있는 게 틀림없어!"

몽블랑 레스토랑 안이 자세히 보이지는 않았지만 대충 윤곽은 알아볼 수 있었다.

"그런데 저 삼총사들은 왜 꼼짝도 않고 유리창 쪽에만 붙어 있는 거야?"

"그러게요……. 우리가 들어가 볼까요?"

"5분만 기다리다 아무런 소식이 없으면 우리가 나서자고!"

시간은 점점 흘러 5분이 지났다.

"안 되겠어! 우리가 들어가도록 하지! 매키는 여기서 상황을 살피고, 포터는 나를 따라서 레스토랑 안으로 진입하자고!"

주저브 경감은 포터 형사와 함께 레스토랑으로 가기 위해 문을 나섰다.

"잠깐만요!"

매키가 두 사람을 다급하게 불렀다. 주저브 경감과 포터 형사는 다시 매키에게 돌아갔다.

"무슨 일이지?"

"어리벙벙 삼총사가 암호를 보내고 있어요!"

"뭐라고? 무슨 암호?"

"잘 보세요!"

레스토랑의 유리창 쪽에 몸을 숨기고 있던 세 사람은 모자를 벗고 가발을 벗는 등 무언가 신호를 보내는 것 같았다. 그러자 매키가 종이와 펜을 꺼내어 무언가를 적기 시작했다.

"이 종이를 보세요."

첫 번째 신호) 대머리-모자-가발

두 번째 신호) 대머리-가발-가발

세 번째 신호) 가발-대머리-모자

네 번째 신호) 가발-모자-대머리

주저브 경감과 포터 형사는 매키가 적은 종이를 읽었다.

"이게 뭐야?"

"지금 저 세 사람이 우리에게 보내는 암호예요. 세 사람은 대머리인데 가발과 모자를 썼었어요. 그걸 이용해 우리에게 사인을 보내는 중이에요."

"그럼 이 사인은 무슨 뜻이지?"

매키는 잠시 생각에 잠긴 듯 종이만 바라보았다. 그리고 표정이 조금씩 굳어갔다.

"어리벙벙 삼총사가 위험해요! 어서 그들을 도와줘야 해요! 빨리요!"

"뭐라고? 그게 무슨……."

"설명은 나중에 할게요. 세 사람이 위험에 빠졌어요. 이대로 두면 큰일 나요! 어서 서둘러요!"

주저브 경감은 경찰서에 전화를 걸어 지원을 요청했다. 출동한 경찰관들이 레스토랑에 들어섰을 때에는 이미 누팡은 자취를 감추고 말았다. 어리벙벙 삼총사는 모두 정신을 잃고 쓰러져 있었다.

"아니! 어떻게 이런 일이……."

"또 놓쳤어……. 누팡!"

포터 형사와 주저브 경감은 눈앞에서 벌어진 상황을 믿을 수 없었다. 독 안에 든 누팡을 또다시 놓쳤기 때문이다.

"매키! 그나저나 암호는 어떻게 알아들은 거야? 세 사람은 암호에 대해서 전혀 언급한 적이 없는데……."

"그야 간단해요. 하하하~"

매키는 어리벙벙 삼총사가 보낸 암호를 어떻게 알았을까?

 ### 수학으로 범인 찾기

어리벙벙 삼총사가 보낸 암호는 무슨 뜻이지?

한 사람이 대머리, 가발, 모자의 세 경우로 변장할 수 있고, 이들은 세 명이니까 이들이 만들 수 있는 암호의 수는 $3 \times 3 \times 3 = 27$가지예요. 그러니까 영어의 알파벳을 모두 만들 수 있지요.

 어떻게?

 그건 약속을 하기 나름인데, 우리가 약속한 것은 다음과 같아요.

A 대머리-대머리-대머리   J 가발-대머리-대머리   S 모자-대머리-대머리
B 대머리-대머리-가발   K 가발-대머리-가발   T 모자-대머리-가발
C 대머리-대머리-모자   L 가발-대머리-모자   U 모자-대머리-모자
D 대머리-가발-대머리   M 가발-가발-대머리   V 모자-가발-대머리
E 대머리-가발-가발   N 가발-가발-가발   W 모자-가발-가발
F 대머리-가발-모자   O 가발-가발-모자   X 모자-가발-모자
G 대머리-모자-대머리   P 가발-모자-대머리   Y 모자-모자-대머리
H 대머리-모자-가발   Q 가발-모자-가발   Z 모자-모자-가발
I 대머리-모자-모자   R 가발-모자-모자

그러니까 첫 번째 암호는 H, 두 번째 암호는 E, 세 번째 암호는 L, 네 번째 암호는 P를 나타내지요. 즉 도와달라는 신호를 보낸 거예요.

 놀랍군.

모르스 부호 이야기

모르스 부호에 대해 들어 보셨나요? 모르스 부호는 모스 부호라고도 하는데요. 미국의 발명가 모스가 고안한 것으로, 점과 선을 배합하여 문자 또는 기호를 나타내는 전신 부호입니다. 모르스 부호는 •과 —, 두 개의 신호를 사용합니다. 그렇다면 •과 —를 여러 번 사용하여 3개를 뽑아 만들 수 있는 부호의 수는 모두 몇 가지일까요?

이것은 2개를 여러 번 사용하여 3개를 뽑는 방법이므로 2×2×2=8(가지)가 됩니다.

실제로 나열해 보면 다음과 같죠.

모르스 부호는 • 과 —, 두 개를 배합해 알파벳과 숫자를 표시한 것입니다.

4장

아무도 못 푸는 문제
-하노이의 탑

주저브 경감은 몇 시간째 책상 앞에서 한숨만 쉬고 있었다.

"경감님!"

"……."

"경감님?"

"어……. 어?"

"무슨 생각을 그렇게 하세요? 몇 번을 불러도 대답도 안 하시고……. 오늘 매키가 수학여행 간대요."

"그래? 그렇군……."

"몽블랑 레스토랑 사건 때문에 그러시는 거예요?"

며칠 전 몽블랑 레스토랑에서 누팡을 놓친 주저브 경감은 며칠 동안 아무 말도 하지 않고 멍하니 앉아 있었다.

'녀석을 잡을 수 있었는데……. 항상 코앞에서 놓치다니…….'

'이메일이 도착했어요~'

휴대폰 알림음이 들렸다. 주저브 경감은 휴대폰으로 이메일을 확인했다.

'주저브 경감! 몽블랑 사건 때문에 실망하셨나? 그렇다면 한 번 더 기회를 주지. 그동안 내가 훔친 물건들을 보관한 곳을 알려 주지. 퐁테르 빌딩의 펜트하우스로 오게. 이번에도 또 어리석은 대원들을 보낼 건가? 하하하!'

주저브 경감의 눈이 반짝거렸다. 이번에는 다른 경찰관들의 도움을 받지 않기로 하고, 포터 형사를 불러 퐁테르 빌딩으로 출동했다.

"경감님! 오늘은 매키도 없고……. 우리 둘이 가는 것은 좀 무리인 것 같습니다."

"왜? 겁나나? 자신 없어?"

"그런 건 아니지만……."

주저브 경감은 빠른 속도로 차를 운전했다. 포터 형사는 멀미가 날 것만 같았다.

"조금만 천천히 달려요! 이러다가 퐁테르 빌딩에 도착하기도 전에 사고가 먼저 나겠어요."

"빨리 가야 해! 날아가도 모자랄 판이야. 녀석이 훔친 물건들이 모두 펜트하우스에 있대! 반드시 주인에게 되찾아 줘야 해! 그리고……. 누팡도 잡아야 해!"

'끼이익!'

험하게 운전을 하고 급하게 정차했다. 포터 형사는 식은땀이 줄줄 흘렀다.

"휴우~ 다시는 경감님 차는 못 탈 것 같아요. 으웩!"

"어서 올라가자고! 펜트하우스면 21층이겠군."

퐁테르 빌딩은 1층부터 20층까지 사무실이 있는 곳이라 사람들로 북적거렸다. 그래서 더욱 조심스러웠다. 만약 펜트하우스에서 무슨 사고라도 난다면 인명 피해가 심각할 것이다.

"너무 위험해요……."

"그래. 녀석이 이걸 노린 거야. 일단 녀석이 원하는 대로 펜트하우스까지 가야겠군……."

엘리베이터는 빠른 속도로 21층까지 한 번에 올라갔다.

"뭔가 이상해요……."

"녀석이 우리를 지켜보고 있는 것 같군……."

펜트하우스에서 내리자 문 앞에 빨간 장미꽃 한 송이와 봉투가 놓여 있었다.

"뭐지?"

주저브 경감은 의구심을 품은 채 봉투를 집어 들었다.

'환영합니다. 펜트하우스에 들어가기 위해서는 하노이의 탑 문제를 풀어야 합니다. 단, 10분의 제한 시간이 있습니다. 부디 행운이 있으시길…….'

편지를 다 읽어 내려갈 때쯤 눈앞에 큰 상자가 놓여 있었다. 포터 형사가 상자를 조심스레 열었다.

"어라? 이게 뭐지? 경감님!"

상자 안에는 쇠로 된 원반에 3개의 바늘이 박혀 있었다. 한 바늘에 크기가 다른 8개의 원반이 가장 큰 것부터 가장 아래부터 순서대로 꽂혀 있었다.

"하노이의 탑?"

주저브 경감은 편지를 마저 읽어 내려갔다.

 '한 번에 원반 하나씩 옮기고 큰 원반을 작은 원반 위에 올려놓을 수 없다. 이때 8장의 원반을 다른 바늘로 모두 움직여라.'

 주저브 경감과 포터 형사는 난감하였다. 포터 형사가 원반에 손을 대자 갑자기 시계가 작동했다. 주어진 10분의 시간이 흐르기 시작한 것이다.

 "앗! 죄송해요……."

 "으휴~ 덜렁거리기는……. 어쨌든 시간이 없어. 어서 이 문제를 해결해야 펜트하우스에 있는 물건들을 가지고 나올 수 있어."

 "그런데 어떻게 해야 할지 모르겠어요……. 매키라도 있으면 모를까……."

 "매키? 그래! 어서 매키를 오라고 해!"

"경감님도 참……. 매키는 수학여행 갔다고 했잖아요. 내일 올 텐데……. 그리고 지금 부른다고 해도 불가능한 일이에요."

포터 형사의 말이 옳았다. 매키의 도움을 받기에는 시간이 너무 부족했다.

"그럼 우리 둘이 해보자고! 일단 원반을 다른 바늘에 옮기자!"

"네! 그런데……. 우리 둘이 할 수 있을까요?"

"이봐! 포터, 지금 그런 거 고민할 시간 없어. 어서 움직이라고!"

"네, 알겠습니다."

포터 형사와 주저브 경감은 끙끙거리며 고민만 할 뿐 하노이의 탑 문제를 풀 기미가 보이지 않았다. 게다가 시간은 빠르게 흘러가고 있었다.

"휴우~ 이제 5분 20초밖에 안 남았어요……."

"이런……. 도대체 어떻게 해야 하는 거야? 에잇!"

주저브 경감과 포터 형사는 지칠 대로 지쳐 버렸다. 자리에 털썩 주저앉아 흘러가는 시간만을 탓할 수밖에 없었다.

"이번에도 누팡에게 졌어……."

"경감님! 어쩔 수 없잖아요. 다음에 또 기회가 있겠죠……."

"이 문만 열리면 그동안 빼앗긴 모든 도난품들을 제자리로 가져다 놓을 수 있는데. 이 문만……."

주저브 경감은 자리에서 일어나 주먹으로 문을 내리치기 시작했다.

"경감님! 그러다가 손 다쳐요! 그만 진정하세요."

주저브 경감은 손에 멍이 들었는데도 굳게 닫힌 문을 내리쳤다. 포터 형사는 겨우 그를 진정시키고 엘리베이터에 탔다.

"괜찮으세요? 병원에 가야 하는 거 아니에요?"

"됐어……. 누팡……."

'삐이익~'

순간 엘리베이터의 스피커에서 방송이 나왔다.

"주저브 경감! 또 실패하셨나? 그 실력으로 나를 잡겠다고? 당신은 나한테 평생 못 이겨! 이제 그만하시지. 하하하!"

주저브 경감은 방송실로 달려갔다. 방송실에는 사내 방송 아나운서와 엔지니어들만 있었다.

"여기……. 누팡, 아니 검은 망토를 입은 남자 못 봤어요?"

"네? 그런 사람은 없는데……."

"방금 엘리베이터에 방송한 사람이 누구죠?"

"엘리베이터에는 방송이 안 들리는데……."

"네?"

주저브 경감은 마치 꿈을 꾼 것 같았다. 멍하니 서 있다가 식은땀을 뻘뻘 흘리며 포터 형사와 함께 경찰서로 돌아왔다.

"주저브 아저씨! 괜찮으세요?"

"……."

다음 날, 매키가 수학여행을 마치고 경찰서에 왔다. 주저브 경감은 초췌한 모습으로 자리에 앉아 있었다.

"다녀왔습니다. 하하하~ 제가 기념품도 사 왔어요."

"그래······."

기운이 하나도 없는 주저브 경감은 매키의 말을 듣는 둥 마는 둥 했다. 포터 형사가 매키에게 손짓을 했다.

"매키! 이리 와!"

"포터 아저씨! 주저브 아저씨가 좀 이상해요······."

"어제 일이 좀 있었어······."

"무슨 일이요? 누팡 일이에요?"

"응. 누팡이 어제 또 이메일을 보냈어. 퐁테르 빌딩 펜트하우스로 오라고. 그런데 문 앞에서 하노이의 탑인가? 그 문제를 못 풀어서 문을 못 열었어······. 그 문만 열면 그동안 누팡이 훔친 물건들을 모두 되찾을 수 있었는데······. 그 문제를 풀지 못해서 충격을 좀 받으신 거 같아. 어찌나 실망하셨는지 어제 이후로 말도 없으시고······. 아무튼 지금 기분이 몹시 안 좋으셔!"

"하노이의 탑이요?"

"응. 내가 그 문제가 담긴 상자를 가져왔는데……. 너라면 풀 수 있을 것 같은데……. 어제 네가 수학여행만 안 갔어도 문을 열 수 있었을 텐데……. 네가 한 번 풀어 볼래?"

"원반이 8개네요?"

"그래."

"주어진 시간이 10분이라고 했지요?"

"그래."

매키는 갑자기 말을 끊더니 머릿속으로 연산을 하기 시작했다. 그리고 잠시 후 입을 열었다.

"10분이면 충분히 풀 수 있는 문제군요."

"뭐?"

주저브 경감은 놀란 표정을 지었다.

매키는 8개의 원반으로 이루어진 하노이의 탑 문제를 어떻게 10분 만에 풀 수 있었을까?

# 수학으로 범인 찾기

 어떻게 10분 만에 원반을 옮길 수 있지?

 원반이 한 개인 경우부터 규칙을 찾아보죠. 원반이 하나인 경우는 그 원반을 다른 기둥으로 옮기면 되니까 한 번만 원반을 움직이면 됩니다. 이제 원반이 두 개인 경우를 살펴보죠. 원반이 두 개인 경우는 다음과 같이 옮겨야 합니다.

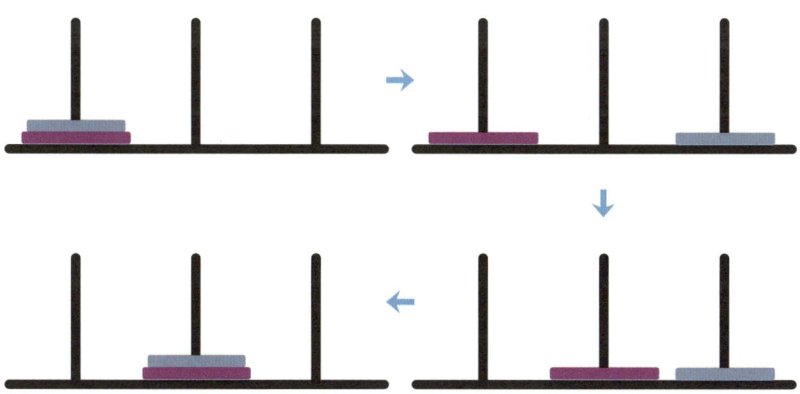

 세 번 움직이면 되는군.

 원반이 세 개일 때는 7번을, 원반이 네 개일 때는 15번을 움직여야 합니다. 그럼 지금까지의 경우를 정리해 보죠.

원반의 개수	원반의 이동 횟수
1	1
2	3
3	7
4	15

 어떤 규칙이지?

 다음과 같이 써 보죠.

원반의 개수	원반의 이동 횟수
1	$2^1 - 1$
2	$2^2 - 1$
3	$2^3 - 1$
4	$2^4 - 1$

그러니까 원반이 8개인 경우는 원반 이동횟수가 $2^8-1=255$(회)가 되지요. 원반 하나를 이동하는 데 1초가 걸린다면 255초면 옮길 수 있으므로 10분이면 충분히 옮길 수 있지요.

하노이의 탑

하노이의 탑 문제를 식으로 나타내 볼까요?

먼저 위쪽의 원반 n-1개짜리 탑을 다른 막대로 옮겨 놓은 다음, 탑을 옮기려는 막대에 가장 큰 원반을 옮기고, 나머지 원반 n-1개를 가장 큰 원반 위로 옮겨 놓으면 됩니다. 원반 n개짜리 탑을 옮기는 데 필요한 이동 횟수를 h_n으로 표기하면 다음과 같은 관계식을 만들 수 있습니다.

$$h_n = 2 \times h(n-1) + 1$$

여기서 $h_1 = 1$입니다. 위의 관계식을 만족하는 해는 다음과 같습니다.

$$\begin{aligned} h_n &= 2 \times (2^{n-1} - 1) + 1 \\ &= 2^n - 2 + 1 \\ &= 2^n - 1 \end{aligned}$$

5장

빠진 사진 한 장
-조합

한 남자가 경찰서 문을 급히 열고 들어와 주저브 경감을 찾았다.

"여기 주저브 경감 있습니까?"

"잠시만요. 주저브 경감님!"

포터 형사는 주저브 경감을 불렀다.

"자네, 해리 아닌가?"

"주저브! 나 좀 도와주게……."

얼굴이 하얗게 질린 해리는 땀을 뻘뻘 흘리며 숨이 차 있었다.

"좀 앉아! 진정하고 말해 보게."

"우리 폼므 회사가 오늘 마이크로 회사와 계약을 하기로 했는데……. 누군가 우리 회사 기밀을 다른 회사에 넘겼어. 정말 중요한 건데……. 그것도 경쟁 회사인 플루에 넘기는 바람에 마이크로가 우리와 계약을 하지 않고 플루와 계약을 한다고 해……. 그렇게 되면 보나 마나 우리 회사는 부도라고……. 어제 계약 축하 파티도 했는데……. 그때까지는 아무 일도 없었는데…….”

해리는 주저브 경감 앞에서 눈물을 뚝뚝 흘렸다. 주저브 경감은 해리를 다독여 주었다.

"일단 진정 좀 하게. 숨 좀 쉬고 말해!"

"내가 흥분을 안 할 수가 없어! 시간이 얼마 없어…….”

"그래……. 자네 마음을 알겠어. 그럼 어제 파티에서 기밀이 넘겨진 거군…….”

"아마도 그런 것 같아……. 어제 파티에 초대된 사람들끼리 악수를 나누는 행사를 했어. 그때 누군가 기밀을 넘긴 거 같아……. 어서 범인을 잡아야 해! 오늘 저녁이 되기 전까지……. 저녁에 플루와 마이크로가 계약할 거야. 그전까지 범인을 잡으면 다시 우리 회사와 계약할 수 있을 거야. 그렇지 않으면 다 끝이야……. 끝이라고!”

주저브 경감은 서둘러 매키를 불렀다. 그리고 일단 파티가 열렸던 현장으로 갔다.

현장에 도착하자 포터 형사가 말했다.

"경감님! 여기에 무슨 단서가 있겠습니까?"

"그래도 현장에 와야 감이 좀 잡히는 거라고! 여기 호텔에 CCTV 없나?"

"있겠죠. 이런 좋은 호텔에~"

"그럼 관리실로 가자고!"

주저브 경감 일행은 관리실로 향했다. 그리고 녹화된 영상을 조사했다.

"밤에 야외 파티를 열어서 어두워서 잘 안 보이네요……."

"음. 그래도 대충 인원은 파악되는군……. 다행히 사람들이 많지 않아. 열 명이 참석했군."

"주저브 아저씨! 포터 아저씨! 여기 보세요!"

영상을 보던 매키가 주저브 경감을 다급히 불렀다.

"여기 영상을 멈춰 보세요."

"왜? 기밀을 넘기는 현장이 잡힌 거야?"

"그건 아니지만……. 누군가가 계속 사진을 찍고 있어요.

자세히 보니까 두 사람씩 악수하는 모습을 찍고 있는 것 같아요!"

"그게 왜?"

"혹시……. 사진에 그 장면이 찍히지 않았을까요? 사진에 찍히는 사람들은 사진을 찍는 줄도 모르고 있는 것 같은데……."

"그래! 그거야. 악수하는 행사를 했다고 했어. 그때 기밀이 넘겨진 거고……."

"그렇다면!"

매키와 주저브 경감은 서로 눈빛을 교환하고 폼므 회사로 출동했다. 포터 형사는 어리둥절한 표정으로 두 사람을 따라갔다.

"주저브! 범인을 알아냈나?"

해리는 주저브 경감을 보자마자 벌떡 일어났다.

"저기……. 그보다 단서가 될 만한 걸 잡았어. 자네, 어제 가든 파티에서 악수 행사를 했다고 했지?"

"응. 나를 포함해 열 명밖에 안 되긴 했지만 그랬지."

"그리고 사진도 찍었나?"

"그렇지. 사람이 얼마 안 되어서 악수를 하고 기념사진을 일

일이 다 찍었어……."

"한 장도 빠짐없이 사진 찍은 거야?"

"그렇지! 그런데 왜?"

"그럼 그 사진들 좀 볼 수 있겠나?"

"물론이지! 잠시만 기다려!"

해리는 비서를 불렀다. 비서는 사진이 든 봉투를 주저브 경감에게 넘겨주었다.

"일단 좀 더 수사를 하고 자네에게 좋은 소식을 알려 주도록 노력하겠네."

"주저브! 꼭 좀 부탁하네. 이제 몇 시간 남지 않았어! 자네만 믿을게."

"걱정하지 마!"

주저브 경감과 매키, 포터 형사는 사진 봉투를 들고 경찰서로 왔다. 그리고 사진을 꺼내어 책상에 펼쳐 놓았다.

"다들 하나씩 유심히 살펴봐야 해! 아주 꼼꼼히! 포터! 특히 대충 보지 말고~"

"예, 알겠습니다. 저야 원래 꼼꼼한 거 빼면 시체 아닙니까?"

"아이고~ 말이나 못 하면 밉지나 않지……."

세 사람은 입을 꼭 다물고 사진을 하나하나 살펴보았다. 하지만 사진 속의 인물들은 악수만 할 뿐 특이한 행동은 보이지 않았다.

"경감님! 다들 그냥 악수만 하는 것 같은데요. 별다른 단서는 없는데요……."

"그러게……. 기밀을 넘기는 장면이 찍히지는 않았군. 이를 어쩐담……. 이게 유일한 단서였는데…….”

 유일하게 믿었던 사진 단서가 발견되지 않자 주저브 경감과 포터 형사, 매키는 막막했다. 더군다나 시간이 얼마 남지 않아 마음만 조급했다. 포터 형사가 사진을 챙겨 다시 봉투에 넣었다.

 “아니, 이렇게 많은 사진 중에 왜 범행 장면이 안 찍힌 거야? 44장이나 되는 사진이……. 다 소용 없구만…….”

 포터 형사는 중얼거리며 봉투에 사진을 담아 책상 위로 던졌다.

 “잠깐만요!”

 매키가 포터 형사에게 말했다.

 “그 사진 봉투를 다시 주세요.”

 포터 형사는 영문도 모른 채 매키에게 사진 봉투를 넘겨주었다. 매키는 다시 사진을 꺼내어 책상 위에 펼쳤다. 그러자 포터 형사가 말했다.

 “매키! 뭐하는 거야? 눈이 빠져라 살펴봤지만 아무 것도 안 나왔어! 또 살펴봤자 나올 것도 없어! 괜한 수고 말고 다른 방법을 찾아보자고! 예를 들면 파티에 왔던 10명의 사람들을 한 명씩 만나 보던지…….”

"이봐~ 포터! 지금 그럴 시간이 어딨어? 10명이랑 연락이 모두 된다는 보장도 없고! 무턱대고 용의자 취급을 했다가는 큰일 난다고!"

주저브 경감은 포터 형사의 말대로 시간만 주어진다면 한 명씩 붙잡고 조사라도 하고 싶은 심정이었지만 그럴 수는 없었다.

"이 사진들은 전부 44장이에요?"

매키는 사진을 세어 보며 말했다.

"응! 여기 사진 봉투에도 사진 장수가 써 있잖아. 마흔……. 어라? 뒤에 일의 자리 숫자가 지워져 있네…….”

"정말 44장이었어요?"

"그래! 아까 다 있는 데서 봉투를 열었잖아. 그 비서가 전해 준 사진 봉투를 그대로 들고 온 거고."

주저브 경감과 포터 형사는 심각한 표정의 매키를 바라보았다.

"매키! 왜 그래? 사진이 몇 장인 게 뭐가 그렇게 중요해? 어차피 기밀을 넘기는 장면을 찍은 사진이 없다는 게 중요한 거 아니야?"

"아니에요. 그게 결정적인 단서가 될 수 있어요. 왜냐하면 사진 한 장이 없어졌거든요."

"뭐? 그게 무슨 소리야?"

"사진은 44장이 아니라 45장이어야 해요……. 그런데 누군가가 한 장을 없애 버린 거예요. 그 사진을 없애야만 하는 사람! 즉, 그 사람이 범인일 가능성이 높아요!"

매키는 사진이 왜 45장이 있어야 한다고 했을까?

수학으로 범인 찾기

 왜 45장이 되어야 하지?

 파티에 참석한 사람은 10명이고, 이들은 악수를 했어요. 악수는 두 사람이 하는 거니까 10명 중에서 두 명을 뽑는 방법의 수가 전체 악수의 횟수예요.

 그건 어떻게 계산해야 하지?

 먼저 처음 한 명은 10명 중 아무나 정하면 돼요. 그리고 그 사람이 나머지 9명 중 한 명을 정하면 되죠. 그런데 정해진 두 명은 순서가 바뀌어서 정해져도 되니 2명을 일렬로 나열하는 방법의 수만큼으로 나누어야 해요. $\frac{10 \times 9}{2!}$ 이렇게요. 그러니까 정리하면 $\frac{10 \times 9}{2 \times 1} = 45$ 가 되는 거예요. 그러니까 사진은 45장이 있어야 해요!

 아, 그렇군.

조합

순서를 생각하지 않고 단지 뽑기만 하는 방법의 수를 조합이라고 합니다. 예를 들어 1, 2, 3의 세 장의 카드가 있다고 하죠.

세 장 중에서 한 장을 뽑는 방법은 다음과 같습니다.

1을 뽑는다.
2를 뽑는다.
3을 뽑는다.

그러므로 세 장의 서로 다른 카드에서 한 장의 카드를 뽑는 방법의 수는 3가지입니다.

이번에는 두 장의 카드를 뽑는 경우를 봅시다. 세 장의 카드에서 두 장을 뽑는 방법은 다음과 같습니다.

1, 2를 뽑는다.
1, 3을 뽑는다.
2, 3을 뽑는다.

3가지 경우가 생기는군요. 이것은 다음과 같은 식으로 나타낼 수 있습니다.

$$\frac{3 \times 2}{2!} = 3 (가지)$$

조합이 무엇인지 잘 아시겠죠?

6장

30개의 다른 옷
-경우의 수의 곱의 법칙

새벽 3시경. 경찰서 안에 전화벨이 울렸다.

"경찰서죠? 여기는 포르테 연구소입니다. 연구소의 비밀 설계도를 도난당했습니다. 빨리 와 주세요."

전화를 받은 포터 형사는 졸고 있는 주저브 경감을 깨웠다.

"경감님! 출동이에요!"

"어……. 어?"

잠이 덜 깬 주저브 경감은 경찰차에 탔다. 포터 형사는 운전을 하고 주저브 경감은 매키에게 전화를 했다. 새벽이라서 깊은 잠에 빠져서 매키는 전화를 받지 않았다.

"자느라고 못 받나? 참……."

여러 차례 전화를 걸었더니 수화기 너머로 잠에서 덜 깬 매키의 목소리가 들려왔다.

"여보세요……."

"매키! 나 주저브 경감이야. 지금 너희 집으로 가고 있어. 포르테 연구소에서 도난 사건이 발생했어. 얼른 나와!"

"네? 아……. 알았어요."

잠옷 차림의 매키를 태우고 연구소로 향했다. 주저브 경감은 조수석에 앉아 꾸벅꾸벅 졸았다.

"경감님! 도착했습니다. 경감님!"

"으응……. 알았다고!"

세 사람은 연구소로 들어갔다. 연구소 소장인 브루앙 씨가 마중을 나왔다.

"경감님! 일단 연구소 출입구는 모두 폐쇄해 놓았습니다. 내부자의 소행인 것 같아서……. 대회의실에 모이라고도 했고요……."

"잘하셨습니다."

조금 전까지 꾸벅꾸벅 졸았던 주저브 경감은 소장을 보자 눈이 말똥말똥 빛났다.

"경감님! 드디어 잠에서 깨어나셨군요?"

"으흠……. 잠이라니? 내가 졸기라도 했나? 괜한 소리 말고 어서 따라 들어와!"

세 사람은 연구소의 대회의실로 들어갔다. 52명의 연구원들이 다들 피곤한 기색으로 앉아 있었다.

"소장님! 없어진 물건에 대해 자세히 말씀해 주실래요?"

"비밀 설계도입니다. 아주 중요해요……. 출입 제한 구역까지 상세하게 설명되어 있어서……. 그것이 유출된다면 우리 연구소의 연구 성과까지 도난당할 수 있습니다……."

"그럼 CCTV는 설치되어 있습니까?"

"물론이죠! 최첨단 연구소라서 보안과 경비는 철저합니다. 관리실로 가시죠!"

주저브 경감과 포터 형사, 매키는 소장을 따라 시스템 관리실로 향했다. 포터 형사는 소장을 뒤따라가면서 주저브 경감에게 귓속말을 했다.

"경감님! 보안과 경비가 철저하다면서 왜 도난을 당했을까요? 하하하!"

"이봐! 자네 정말……. 지금 농담할 땐가?"

"아니, 그냥 저는……."

주저브 경감과 포터 형사, 매키는 관리실에 들어가 녹화된 CCTV를 돌렸다.

"앗! 저기!"

매키가 소리쳤다.

"복면을 쓴 사람이에요. 소장님 방에서 설계도를 꺼내고 있어요……."

"그래! 저 사람이 틀림없이 범인이군! 근데 복면을 쓰고 있어……."

세 사람은 두 달 동안의 CCTV 녹화 영상을 살펴보았다. 그 결과 복면을 쓴 사람이 30번 나타났는데 신고 있는 운동화는 같지만 입고 있는 상의와 하의의 모습이 같은 경우는 단 한 번도 없었다. 화면을 정지시켜 놓은 채 세 사람은 머리를 맞대고 고민에 빠졌다.

"음……. 복면을 쓰고 있어서 얼굴을 확인하는 건 불가능하군……. 복면을 쓴 사람이 모두 같은 사람인지도 모르겠고……."

"주저브 아저씨! 상의와 하의가 달라지면서 다른 사람처럼 보이는 것뿐이에요. 그러니까 상의, 하의를 다르게 선택해서 서로 다르게 30가지의 방법으로 입을 수 있는 사람이 범인이지요."

"그럼……. 연구원들의 가방을 검사하면 된다는 건가?"

"그렇죠!"

주저브 경감은 대회의실로 가서 마이크를 잡았다.

"저는 주저브 경감입니다. 이 포르테 연구소에 안 좋은 일이 일어났습니다. 다들 아시다시피 도난 사고입니다. 죄송하지만 여기 계신 모든 연구원들의 가방을 부득이하게 검사해야 할 것 같습니다. 불쾌하시더라도 협조 부탁드립니다."

연구원들은 시큰둥한 표정으로 웅성거리기 시작했다. 자신들이 용의자가 된 것 같아 기분이 썩 좋을 리가 없었다.

"사람이 너무 많네요. 소장님! 저희 좀 도와주십시오!"

"그래요."

"일단 52명이니까 한 사람당 13명씩 가방 검사를 맡도록 하지. 다들 빠르게 움직이자고!"

주저브 경감과 포터, 매키 그리고 연구소장 브루앙 씨는 연구원들을 4줄로 서도록 했다. 그리고 한 사람씩 가방을 열어

소지품 검사를 했다.

"상의 두 벌, 하의 한 벌, 운동화 두 켤레? 통과!"

포터 형사는 꼼꼼하게 검사를 진행하고 있었다.

"상의 한 벌? 이봐요, 좀 빨아 입어요. 옷이 죄다 꾀죄죄하네……. 아이고~ 통과!"

주저브 경감도 가방을 샅샅이 검사하고 있었다.

"음……. 이 사람은 상의가 네 벌, 하의가 두 벌, 운동화가 하나잖아? 이걸로는 30개의 다른 모습을 만들 수 없어. 통과!"

한 사람씩 검사를 하느라고 시간이 꽤 걸렸다. 검사를 받는 사람들과 하는 사람들 모두 지쳐 갔다.

"이제 세 명씩 남은 거야? 아휴~ 힘들어……."

"조금만 쉬었다가 할까요?"

가방 검사를 받는 연구원들도 힘들었지만 여러 명의 가방을 검사하던 주저브 경감과 나머지 세 사람도 지쳐 있었다.

"여러분! 10분 정도만 쉬겠습니다."

연구소장 브루앙 씨가 연구원들에게 양해를 구하고 네 사람은 의자에 앉아 잠시 쉬었다.

주저브 경감이 포터 형사에게 물었다.

"앞으로 12명 정도 남은 건가?"

"네. 지금까지는 범인이 발견되지 않았으니까 남은 12명 중에 범인이 있을 가능성이 크겠어요."

"그렇군……."

"범인은 꼼짝없이 독 안에 든 쥐네요!"

"참! 그런데 아까 가방 검사하는데 참 웃긴 사람이 있더라고."

"경감님! 왜요? 어떤 사람인데요?"

포터 형사가 주저브 경감을 재촉하며 물었다.

"하여간~ 이런 일에만 눈이 반짝거리지. 아무튼 어떤 남자 연구원이었는데 가방에 상의랑 하의가 없는 거야! 내가 깜짝 놀랐더니 자기는 옷을 원래 안 갈아입는데. 하하하!"

"아니, 그럼 일주일 동안 같은 옷만 입는다는 거예요? 으웩!"

"하하하~"

"남자 연구원들 대부분은 옷을 잘 안 갈아입어요. 일주일에 한 번씩 집에 들어가는데 연구소 안은 워낙 쾌적하기도 하고……."

연구소장 브루앙 씨는 연구원들을 감싸는 듯 말했다.

"아니에요! 그렇지 않은 남자 연구원도 있더라고요. 어찌나 깔끔한지……. 가방을 살펴보니 상의도 네 벌이나 있고 하의도 두 벌 있더라고요. 운동화는 한 켤레였지만……. 아무튼 가방도 깨끗하고요."

"아, 그래요? 그 연구원은 아주 깔끔하네요."

그런데 그 순간 매키의 표정이 굳어졌다.

"경감님! 지금 뭐라고 하셨죠?"

"뭐?"

"상의가 몇 벌이었다고요?"

"4벌."

"하의는요?"

"2벌."

"운동화는 한 켤레고요?"

"그래. 그건 왜?"

매키는 심각한 표정을 지으며 자리에서 일어났다.

"그 사람이 누구죠? 그 가방을 가지고 있는 사람!"

"에이~ 아니야! 지금 그 사람이 범인이라고 말하는 거야? 그 옷들이랑 신발을 가지고는 절대 30가지의 스타일을 만들 수 없어! 아무 잘못 없는 사람을 오해하지 말라고!"

"아니에요. 가방에 상의 4벌, 하의 2벌, 운동화 한 켤레가 있으니 입고 있고 신고 있는 것까지 합치면 상의 5벌, 하의 3벌, 운동화 두 켤레네요. 그러면 충분히 30가지의 다른 스타일을 연출할 수 있어요."

"뭐라고? 어떻게……."

"일단 범인부터 잡아요! 설명은 나중에 할게요."

주저브 경감과 포터 형사, 브루앙 소장, 매키는 가방의 주인인 로버트를 찾아냈다.

"로버트? 개발팀장인 자네가……. 어떻게…….”

"무슨 소리예요? 저는 아니에요……. 비밀 설계도를 훔치지 않았어요!"

로버트는 얼굴이 하얗게 질리더니 양손으로 손사래를 치며 범행을 부인했다.

"자네……. 자네가 범인이 맞군…….”

"소장님! 저는 아니라고요. 아니에요……. 제가 왜 그런 짓을 하겠습니까? 저를 못 믿으세요?"

"자네를 누구보다 믿었었지……. 하지만 어떻게 비밀 설계도가 없어진 걸 알았지? 나는 연구원들에게 무엇을 도난당했는지 말한 적이 없었는데…….”

"네? 그, 그게……. 죄송합니다. 소장님…….”

매키는 어떻게 로버트의 옷들만 보고 그가 범인인 걸 알아낼 수 있었을까?

수학으로 범인 찾기

🧔 상의 4벌, 하의 2벌, 운동화 한 켤레로 어떻게 30가지의 의상을 연출할 수 있다는 거지?

👨 범인이 입고 있는 상의, 하의, 신발까지 포함하면 범인이 가진 옷은 다음과 같습니다.

상의: 5벌

바지: 3벌

신발: 2벌

이것들을 이용하여 서로 다르게 입을 수 있는 방법은 5×3×2=30이므로 범인이 다르게 입을 수 있는 의상은 30가지가 됩니다.

 그렇군.

경우의 수를 구하는 곱의 법칙

경우의 수를 구하는 곱의 법칙에 대해 알아봅시다. 사건 A가 일어나는 경우의 수가 m가지이고 사건 B가 일어나는 경우의 수가 n가지이면, A가 일어나고 동시에 B가 일어나는 경우의 수는 m×n가지입니다.

곱의 법칙을 사용하는 예를 살펴봅시다. 서점에 갔더니 영어 참고서가 3종류, 수학 참고서가 2종류 있습니다. 영어와 수학 참고서를 하나씩 사려고 할 때는 몇 가지 방법이 있을까요?

영어 참고서: 3종류

수학 참고서: 2종류

영어 참고서를 사는 방법의 수는 3가지, 수학 참고서를 사는 방법의 수는 2가지이므로, 곱의 법칙을 이용해 구하면 3×2=6(가지)입니다.

이렇게 경우의 수를 구하는 곱의 법칙을 이용하면 정답을 쉽게 구할 수 있습니다.

A와 B가 동시에 일어나는 경우의 수는 m×n가지입니다.

7장

뒤바뀐 카지노 돌림판

-원순열

사건 발생 한 시간 전. 주저브 경감과 포터 형사, 매키는 카지노에 있었다. 포터 형사가 주저브 경감에게 말했다.

"그런데 우리 이런 데 와도 돼요?"

"우리가 도박하러 온 거니? 그냥 다이아몬드로 된 카지노 돌림판을 구경하러 왔지! 그리고 우리는 일하러 온 거야!"

"그래도……. 매키는 아직 어린데……. 어린이가 카지노에 들락거려도 되나요?"

"포터! 계속 귀찮게 굴려면 매키를 데리고 나가!"

"아닙니다."

얼마 전, 주저브 경감은 엘레강스 카지노의 사장에게 초청장을 받았다. 세계에서 가장 비싼 카지노 돌림판을 설치하게 되어 파티를 연다는 것이었다. 혹시 모를 도난에 대비하기 위해 주저브 경감에게 초청장을 보낸 것이었다.

"경감님! 오셨습니까?"

엘레강스 카지노의 사장인 트럼프 씨는 주저브 경감을 매우 반갑게 맞이했다.

"사람이 꽤 많네요?"

"유명한 도박사들은 거의 다 초청했습니다. 하하하~"

"그래요? 발 디딜 틈이 없겠는데?"

"그럴 리가요~ 어서 들어오세요. 저기에 있는 돌림판 구경도 좀 하시고! 하하하!"

파티장의 한가운데에는 큰 카지노 돌림판이 있었다. 돌림판은 원형이고, 빨강, 파랑, 노랑 세 가지 색으로 삼등분되어 있었는데, 다이아몬드를 비롯해 루비, 사파이어 등 값비싼 보석들이 여러 개 박혀 있어 화려하게 반짝거렸다. 그야말로 눈이 부실 정도였다.

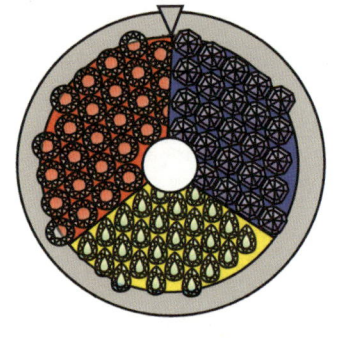

"이야……. 정말 굉장하네! 제법 비싸겠는데?"

"어마어마한 돈을 주고 구입했죠! 이 카지노 건물보다 더 비싼 거예요. 하하하!"

카지노에 초청된 많은 사람들이 보석 돌림판에 푹 빠졌다. 돌림판 주위에 동그랗게 둘러서서 축배를 들었다.

"다들 와 주셔서 감사합니다. 우리 엘레강스 카지노는 말 그대로 아주 우아한 카지노입니다. 하하하! 앞으로 저 보석 돌림판이 우리 카지노의 이미지를 한 층 높일 것으로 생각됩니다. 하하하! 아주 기대가 큽니다. 저 돌림판에서 카지노를 하면 정말 귀족이 된 기분이 들 것입니다. 앞으로 많은 이용 부탁드립니다. 하하하! 다들 건배!"

카지노 사장 트럼프 씨는 기분이 매우 좋아 보였다. 사람들은 마음껏 파티를 즐기고 있었다.

"아저씨! 저 화장실 좀 다녀올게요."

"그래. 매키! 어서 다녀와. 나는 로비에 있을게."

"네."

매키는 콜라를 잔뜩 먹는 바람에 화장실에 가고 싶었다. 남자 화장실로 들어가서 볼일을 보고 있었다. 그런데 밖에서 누

군가의 대화 소리가 들려왔다.

"틀림없습니다. 다이아몬드, 루비, 사파이어 등 각종 보석이 화려하게 박혀 있습니다."

"사람들이 너무 많아……. 곤란하겠어……."

"아닙니다. 저에게 방법이 있습니다."

두 남자의 대화 소리가 어렴풋하게 들려왔다. 매키는 숨을 죽이고 문에 귀를 가져다 댔다.

"조심해! 경감도 와 있어."

"예, 알겠습니다."

말을 마치고 발걸음 소리가 점점 멀어졌다. 화장실을 나선 매키는 의심이 들기 시작했다.

"이상하다……. 경감님을 왜 두려워하는 거지?"

"매키! 왜 이렇게 오래 걸렸어? 혹시 변비? 하하하~"

"포터 아저씨!"

"응?"

"저 돌림판은 많이 무거워요?"

"아마 무게가 꽤 나갈 거야……. 보석들이 많이도 붙어 있으니까……. 왜?"

"아니에요."

"우리 사진 찍자! 저 보석 돌림판 앞에서!"

"네……."

카지노에 들어오기 싫다던 포터 형사는 가장 신이 나 있었다. 매키와 포터 형사는 서로 사진을 찍어 주었다.

'찰칵!'

매키는 내심 화장실에서 들었던 대화 내용이 마음에 걸렸지만 파티를 망치고 싶지는 않았다. 한창 파티가 진행되고 있는 가운데 갑자기 정전이 되었다.

"어머!"

"아무것도 안 보여! 불 좀 켜 주세요."

많은 사람들이 당황하며 웅성거리기 시작했다. 정전된 불은 금방 들어오지 않았다.

"빨리 불을 켜라고!"

사람들은 항의하기 시작했고 5분 정도 지난 뒤에야 불이 들어왔다.

"갑자기 왜 정전이야?"

트럼프 씨는 곧장 보석 돌림판을 확인했다. 다행히 돌림판은 그 자리에 그대로 있었다.

"휴우~ 깜짝 놀랐네……."

파티를 즐기던 사람들은 다시 한껏 분위기에 취하기 시작했다. 주저브 경감도 기분이 좋아 보였다.

"경감님! 술 드셨습니까?"

"아니~ 분명히 음료수를 마셨는데……. 자꾸 잠이 오네……."

주저브 경감은 술이 아니라 잠에 취해 있었다.

"경감님!"

그러고는 이내 곯아떨어지고 말았다.

"아이고……. 갑자기 왜 이러시지?"

"포터 아저씨! 누군가 주저브 아저씨의 잔에 수면제를 탄 거 같아요……."

"뭐라고? 왜? 무슨 이유로?"

"제가 아까 화장실에서 이상한 소리를 엿듣게 되었어요……. 아무래도 그 사람들이랑 관련이 있는 것 같아요……."

"뭐라고?"

매키는 포터 형사와 함께 주저브 경감을 의자에 눕혔다. 그리고 파티장을 둘러보았다.

"이럴 수가……. 포터 아저씨!"

"매키! 무슨 일이야?"

"큰일 났어요……. 도난당했어요!"

"뭐라고? 도난? 뭐가?"

"보석 돌림판을 훔쳐 갔어요."

"무슨 소리야! 저기 멀쩡히 있는데?"

포터 형사는 손으로 보석 돌림판을 가리키며 말했다. 하지만 매키는 고개를 흔들었다.

"카지노 사장님을 만나야겠어요. 아니, 일단 주저브 아저씨를 깨워요!"

"잠에 너무 취해서 안 되겠어……."

매키는 차가운 물을 의자에 누워 있는 주저브 경감의 얼굴에 뿌렸다.

"앗! 차가워!"

주저브 경감은 소리를 지르며 잠에서 깨어났다.

"매키! 무슨 짓이야?"

"아저씨! 지금 잘 때가 아니에요. 도난 사고가 일어났어요!"

"뭐라고? 뭐가 없어진 거야?"

주저브 경감은 정신없이 주위를 두리번거렸다. 매키는 보석 돌림판을 가리켰다.

"매키! 눈앞에 저렇게 돌림판이 멀쩡하게 있는데, 왜 도난당했다는 거야?"

"가까이 가 보세요. 그리고 사장님을 불러 줘요!"

주저브 경감, 포터 형사, 매키 그리고 카지노 사장 트럼프 씨는 보석 돌림판으로 다가갔다.

보석 돌림판은 그 자리에 그대로 놓여 있었다.

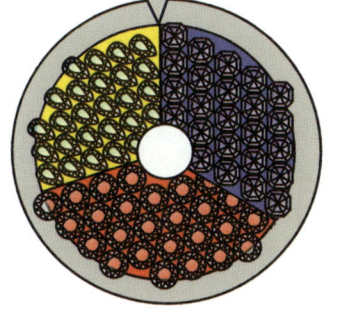

"매키! 거봐! 그대로잖아!"
"아니에요. 이건 가짜예요!"
그러자 트럼프 씨가 발끈했다.
"뭐라고? 가짜라고! 이 꼬마 녀석이 무슨 소리를 하는 거야?"
"사장님! 인정하기 싫으시겠지만 사실입니다. 아까 정전이 되었을 때 범인은 보석 돌림판을 바꾸어 놓았어요!"
"아니야! 말도 안 돼!"
하지만 돌림판을 자세히 살펴보니 아까와는 달리 노랑, 파랑, 빨강 세 가지 색의 위치가 달라져 있었다. 그리고 돌림판에 박힌 보석들은 모양은 같지만 가짜였다. 결국 트럼프 씨의 신고로 경찰들이 출동했고 보석 돌림판을 분석한 결과 가짜로 판명되었다.

<u>매키는 어떻게 카지노 돌림판이 가짜라는 것을 알았을까?</u>

수학으로 범인 찾기

 어떻게 카지노 돌림판이 달라진 걸 알았지?

 원순열을 알면 알 수 있어요.

 그게 뭐지?

 원순열은 서로 다른 세 가지 색깔을 원에 배열하는 방법의 수를 따지는 거예요. 원래 있던 카지노 돌림판은 다음과 같죠.

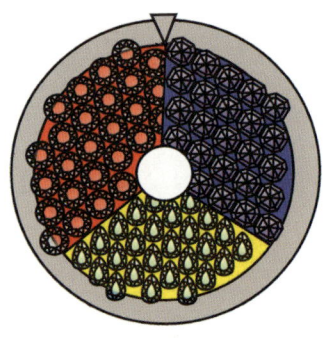

 시계 방향대로 색깔을 말해 보면 빨강→파랑→노랑이 되지요.

 그럼 원에 세 가지 색깔을 칠하는 방법은 이 한 가지인가?

 아니에요. 두 번째 카지노 돌림판을 보죠.

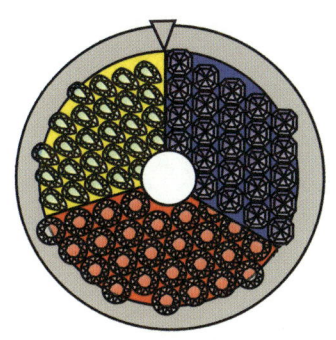

 여기서 빨강→파랑→노랑의 순으로 돌리면 어느 방향이죠?

시계 방향의 반대가 되는군.

그러니까 이렇게 색을 칠하는 방법은 다른 경우예요. 일반적으로 원에 세 가지 색깔을 칠하는 방법은 두 가지이지요. 그러니까 두 돌림판은 다른 돌림판이에요.

그렇군.

원순열

서로 다른 n개를 원형으로 배열하는 것을 원순열이라고 하는데, 서로 다른 n개를 원형으로 배열하는 방법의 수는 다음과 같습니다.

$$\frac{n!}{n}=(n-1)!$$

예를 들어, A, B, C명을 원탁에 앉히는 방법을 알아볼까요? 원탁 하나에 의자 세 개를 준비해야겠지요? 얼핏 보면 6가지일 것 같지요?

하지만 원탁을 돌려 보면 똑같은 경우가 생기게 되는데, 그 경우의 수가 3가지입니다. 그러므로 6가지를 3으로 나눈 경우가 서로 다른 경우의 수에 해당하므로 $\frac{3!}{3}=2!=2$(가지)가 됩니다.

서로 다른 n개를 원형으로 배열하는 것을 원순열이라고 합니다!

사라진 훈장 하나를 찾아라!
-원순열의 응용

'따르르릉~'

"경감님! 빨리 위슬러 병원으로 오셔야겠어요. 위슬러 씨가 돌아가셨어요……."

"뭐라고? 위슬러 씨가? 알았어. 금방 갈게."

주저브 경감은 휴가를 얻어 가족들과 오랜만에 점심을 먹던 중 포터 형사의 전화를 받고 자리에서 일어났다.

"여보 미안해! 애들아, 정말 미안! 급한 사건이라……. 일단 다녀올게."

위슬러 씨는 유명한 보석 상점의 주인이며 로고스 시에서 손꼽히는 부자였다. 그에게는 네 명의 아들이 있었다. 하나같이 아버지의 재산만 믿고 놀기만 하는 자식들이었다. 위슬러 씨는 최근 건강이 안 좋아서 자신의 전 재산을 나라에 기부하겠다고 유언장을 미리 작성하였다. 그리고 보석으로 만들어진 휘장을 네 명의 자식들에게 나누어 주기로 했다. 그런데 혹시 자식들이 서로 더 많은 재산을 차지하려고 싸울까 봐, 로이 변호사와 주저브 경감에게 자신이 죽으면 재산을 나누어 줄 것을 부탁했던 것이다.

"포터!"

"경감님! 어서 오세요. 가족들이랑 변호사님은 먼저 와 있어요."

"그래……. 위슬러 씨는 편한 모습으로 세상을 떠나셨어?"

"자식들 걱정만 하시다가 갔어요. 병원과 빌딩, 게다가 보석 상점까지……. 그렇게 재산이 많으신 분이 어떻게 자식들은 하나같이……."

"그만해! 돌아가신 분은 더 답답하셨을 거야……."

"네……. 그냥 보는 사람도 답답하니까……."

병원 이사장실에는 네 명의 아들들과 변호사가 앉아 있었다.

"미안합니다. 휴가 중이라 이제 연락을 받았습니다."

"아닙니다. 저도 금방 왔습니다."

변호사는 사진을 꺼내어 탁자에 올려놓았다.

네 가지의 보석으로 만들어진 휘장 사진이었다. 반짝거리는 빛이 영롱하였다. 아들들의 눈빛이 반짝거렸다. 변호사가 입을 열었다.

"다들 아시다시피 위슬러 씨는 병원과 빌딩, 상점 등의 전 재산을 사회에 기부하신다고 하셨습니다. 네 아드님들도 다 아시죠?"

네 아들들은 고개를 끄덕였다.

"그리고 이 보석! 휘장을 이루는 네 개의 작은 삼각형은 네 개의 서로 다른 보석으로 되어 있습니다. 이 보석들은 빌딩 하나의 값어치입니다. 그런데 위슬러 씨는 네 가지의 서로 다른 보석을 서로 다르게 배열하여 만들 수 있는 모든 휘장들을 이렇게 만들어 놓았습니다. 물론 수학자를 고용하여 이렇게 만들게 했지요."

재산을 사회에 환원했다는 말을 듣고 시무룩했던 네 아들들은 깜짝 놀라 얼굴에 생기가 돌았다.

"이 휘장은 매우 비싼 보석들로 만들어져 있습니다. 그래서 회장님이 아드님들에게 남기신 것 같습니다. 회장님은 이 휘장들을 공평하게 아드님들에게 나누어 주라는 유언을 남기셨습니다. 그럼 공개하겠습니다."

변호사는 벨벳으로 되어 있는 고급스러운 상자의 자물쇠를 열고 상자를 열었다. 삼각형 모양으로 생긴 휘장의 개수는 7개였다. 모두 4개의 보석이 박혀 있는 모습이었다. 네 아들들은 휘장을 서로 많이 갖기 위해 싸우기 시작했다.

"이 자식이! 내가 장남이니까 네 개 갖고, 나머지 세 개는 너희끼리 나누어 가지면 될 거 아냐!"

"무슨 소리야? 형이 아버지한테 뭘 잘했다고! 아버지는 막내인 나를 예뻐하셨어. 그러니까 내가 네 개를 가져야 해!"

"뭐라고? 이게 어디 형들한테 대들어?"

순간 이사장실 안은 아수라장이 되었다. 조금 전 세상을 떠난 위슬러 씨가 이 모습을 본다면 벌떡 일어날 일이었다. 아버지를 잃은 슬픔은 어디로 갔는지 서로 더 많은 휘장을 가지려고 싸우느라 형제도 가족도 없어 보였다.

"퍽!"

급기야 서로 주먹질까지 오가기 시작했다. 주저브 경감과 포터 형사, 로이 변호사 그리고 매키까지 말려 보았지만 역부족이었다. 보석에 눈이 먼 아들들은 제정신이 아니었다. 하나라도 더 갖겠다며 한 시간이 넘게 싸우기만 했다. 겨우 진정이 되자 변호사가 다시 휘장들을 함에 넣어 뚜껑을 닫았다.

"경감님! 변호사님! 저는 장남입니다. 당연히 장남이 많이 가져야 하는 것 아닙니까?"

"변호사님! 저는 둘째인데 보석 상점에서 아르바이트까지 해가며 아버지를 도왔습니다. 형은 이미 아버지의 재산을 많이 탕진했습니다!"

덩치가 큰 둘째가 일어나 소리쳤다. 어찌나 큰 소리로 말했던지 이사장실이 쩌렁쩌렁 울릴 정도였다. 셋째 아들이 이에 질세라 소리를 고래고래 지르며 일어났다.

"경감님! 저 셋째는 병원 원무과에서 일했습니다!"

막내 아들도 가만히 있지 않았다.

"쳇! 원무과에서 일하면서 빼돌린 돈이 얼만데~ 아버지도 다 아셨다고! 변호사님! 아버지는 저 막내를 가장 사랑하셨습니다. 사실상 저 7개의 휘장은 모두 제가 가져도 부족합니다. 착한 제가 특별히 4개만 가지고 3개는 형들에게 하나씩 양보하도록 하죠! 하하하~"

그러자 세 형들이 화냈다.

"뭐라고?"

"저런 버릇 없는 것!"

형제들은 또다시 싸울 기세였다. 로이 변호사와 주저브 경감은 가까스로 네 아들을 말렸다.

"지금부터 할 말이 있는 사람은 손을 들고 발언권을 얻은 후 말하십시오."

로이 변호사는 진땀을 닦으며 말했다. 아들들은 서로를 흘겨 보며 입을 굳게 다물었다. 그런데 그때, 매키가 손을 들었다.

"저기……. 변호사님!"

"매키, 할 말 있니?"

"잠깐만요!"

매키는 골똘히 생각에 잠겼다. 그리고 조심스럽게 입을 열었다.

"누군가 휘장을 한 개……. 빼돌렸어요!"

"뭐라고?"

로이 변호사와 주저브 경감, 포터 형사 그리고 네 아들들은 매키의 말에 눈이 휘둥그레졌다. 그것이 사실이라면 빌딩 하나의 값어치가 있는 휘장 한 개가 사라진 것이다.

"매키! 무슨 소리야?"

주저브 경감은 매키의 옆구리를 찌르며 눈짓했다.

"정말이에요. 휘장 하나가 없어졌어요!"

"지금 농담할 때가 아니야. 아주 심각해……. 네 말이 얼마나 큰 파장을 불러일으킬지 생각해 봤어? 자칫 도난 사건으로 확대될 수 있어!"

"그러니까 말씀드린 거예요……. 사라진 휘장을 찾아야 해요! 그리고 하나를 되찾으면 네 아들들이 각자 2개씩 휘장을 가지면 되는 거 아니에요?"

매키의 말에 네 아들들과 로이 변호사는 고개를 끄덕였다. 만약에 휘장이 하나 더 있고, 그 하나만 되찾는다면 싸울 필요 없이 사이좋게 2개씩 나누어 가질 수 있으니까.

매키는 왜 휘장 하나가 사라졌다고 했을까?

수학으로 범인 찾기

🧓 휘장이 왜 8개가 되어야 하지?

🧑 위슬러 씨는 4가지의 서로 다른 보석을 서로 다르게 배열하여 만들 수 있는 모든 휘장을 만들었다고 했어요.

🧓 그건 알고 있어. 그런데 그게 왜 8개가 되어야 하지?

🧑 네 개의 보석을 놓을 수 있는 곳은 네 개의 작은 삼각형입니다. 그중 가운데 삼각형에 하나의 보석을 박는다고 합시다. 그럼 보석의 종류는 4가지이므로 가운데 삼각형에 4개의 보석을 서로 다르게 박는 방법의 수는 4가지입니다.

🧓 그럼 휘장이 4개인가?

🧑 아니죠. 바깥쪽에 있는 세 개의 삼각형에 보석을 박는 방법의 수는 원순열을 이루므로 $(3-1)! = 2! = 2$(가지)가 됩니다. 그러므로 전체 경우의 수는 $4 \times 2 = 8$가지가 되니까 휘장의 개수는 모두 8개가 되어야죠.

🧓 그렇군.

정사각형과 원에 배열하기

1, 2, 3, 4, 5, 6, 7, 8을 정사각형에 배열하는 경우와 원에 배열하는 경우를 비교해 봅시다.

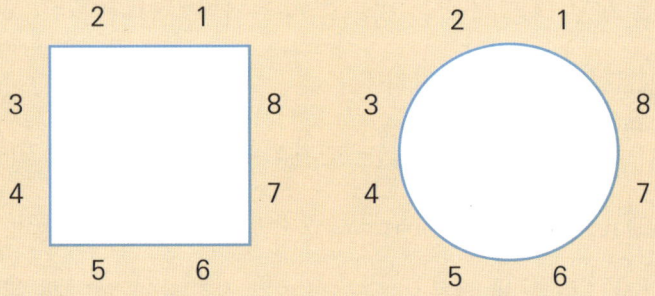

정사각형에 배열할 때는 1과 마주 보는 것은 6이지만 원에 배열할 때는 1과 마주 보는 것은 5가 됩니다. 이제 시계 반대 방향으로 한 칸씩 이동해 볼까요?

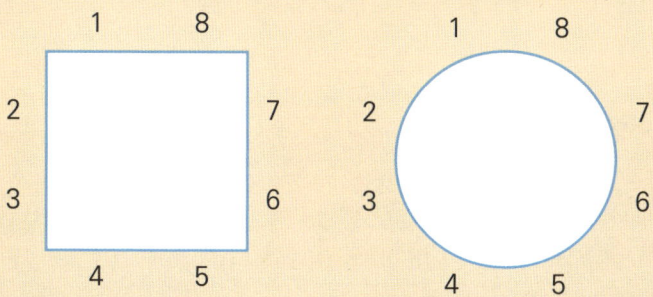

 원에서는 여전히 1과 마주 보는 것이 5이지만 정사각형에서는 달라집니다. 정사각형에서는 1과 마주 보는 것은 4가 됩니다.

 즉, 원에 배열할 때는 1가지의 경우가 되는데, 정사각형의 한 변에 2개씩 수를 놓을 때는 2가지 경우가 됩니다.

 따라서 1, 2, 3, 4, 5, 6, 7, 8을 정사각형에 배열하는 방법의 수는, 8개를 원에 배열하는 방법의 수에 2를 곱한 값과 같습니다.

(8개를 정사각형에 배열하는 방법의 수)
=(8개를 원에 배열하는 방법의 수)×2
=(8−1)!×2
=7!×2
=10,080

9장

다음 범행 장소를 알아내라!

-사전식 배열

"경감님!"

포터 형사가 호들갑을 떨며 경찰서로 들어왔다.

"무슨 일이야?"

"소식 들으셨어요?"

"무슨 소식?"

"아직 모르시구나! 누팡의 어머니가 돌아가셨대요!"

"뭐라고? 확실한 거야?"

"확실해요! 어제 돌아가셔서 누팡이 잠깐 왔었다고 하더라고요."

주저브 경감은 그동안 누팡을 잡지 못해서 안달이 났었지만 왠지 모르게 누팡이 불쌍하게 느껴졌다.

"나쁜 녀석이기는 하지만 그래도……. 좀 안됐네……."

"그러게요. 그래도 당분간 사건은 없겠네요. 설마 어머니가 돌아가셨는데 또 범행을 하겠어요?"

"글쎄……. 그건 모르는 일이야……. 긴장을 늦추지 말게!"

"네! 알겠습니다."

포터 형사의 말대로 한 달 정도 로고스 시에는 누팡의 범행이 일어나지 않았다.

"누팡이 잠잠하니까 편하기는 한데……. 왠지 모르게 불안하네요. 그렇죠?"

"너무 잠잠해서 좀 그렇긴 하네……."

누팡의 범행이 잠잠하자 경찰서에도 평화가 찾아온 것 같았다.

"경감님! 사건입니다."

"뭐라고? 좀도둑이라도 들었나?"

"네……. abcd번지에 도둑이 들었다고 합니다."

"알았네. 포터! 출동하지!"

"네."

포터 형사와 주저브 경감은 사건 현장으로 가면서도 그다지 서두르지 않았다.

"경감님! 그동안 누팡 녀석 사건을 하도 겪었더니 이런 좀도둑쯤은 크게 신경이 안 쓰여요. 하하하~ 경감님도 그렇죠?"

"좀도둑이지만 그래도 그런 도둑이 큰 도둑이 될 수 있으니까 좀 서두르자고……."

그렇게 며칠이 지나고 또다시 도둑 신고가 들어왔다.

"이상하네……. 며칠 전에는 abcd번지, 어제는 abdc번지가 털리더니 이번에는 acbd번지잖아……."

"잠깐! 포터! 지금 뭐라고 그랬지?"

"네? 지난번에 좀도둑 때문에 갔던 몽블 마을이요. 거기에 24개 가구가 사는데……. 처음에는 abcd번지에 도둑이 들었고, 다음에는 abdc번지, 그 다음에는 acbd번지가 털렸어요……."

"연쇄 범행 아닌가……. 범인의 흔적은?"

"없어요. 모두 깔끔했어요……."

"목격자는 없었어?"

"그냥 까만 옷을 입고 복면을 쓴 것……. 그 정도요."

"누팡이 움직이기 시작했어……."

"네?"

포터 형사와 주저브 경감의 얼굴에 웃음이 사라졌다. 그때 매키가 수업을 마치고 경찰서로 들어왔다.

"아저씨들! 오늘도 잘 지내셨어요? 요즘은 제가 할 일이 없네요. 하하하~"

"매키! 네가 할 일이 지금 생겨 버렸어……."

"네?"

"일단 도둑이 들었던 집들부터 가 보자고!"

주저브 경감은 빠른 속도로 운전을 하기 시작했다.

"경감님! 조금만 속도를 줄이세요."

"누팡! 이 녀석이 또 시작했어……."

"누팡을 잡기 전에 저희 먼저 잡겠어요……."

몽블 마을은 연쇄 범행이 발생하자 마을 사람들끼리 비상대책회의를 하고 있었다.

"이대로 있다가는 우리 마을 모든 집이 다 털리겠어요."

"저희는 대대로 내려오는 금송아지를 잃어 버렸어요……."

피해자들은 모두 울상을 지었고 다른 마을 사람들도 자신들이 또 다른 피해자가 될까 싶어서 두려워하고 있었다.

"안녕하십니까! 경찰서에서 나왔습니다. 저는 주저브 경감이라고 합니다."

주저브 경감 일행이 마을 회관에 들어서자 마을 사람들의 반응은 냉랭했다. 그도 그럴 것이 세 집에 도둑이 들 때까지 경찰들은 아무것도 하지 않고 있었기 때문이다.

"여러분······. 정말 죄송합니다. 저희는 단순한 도둑인 줄 알았는데······. 이렇게 연쇄 범행이 일어날 줄은 몰랐습니다. 지금이라도 알았으니 더 이상의 피해가 없도록 최선을 다하겠습니다. 우선, 첫 번째 피해를 입은 집의 번지가 어떻게 되죠?"

한 아이의 엄마가 일어섰다.

"저희 주소는 abcd번지예요. 도둑이 제 보석 예물들을 다 훔쳐 갔어요."

"다음 집은요?"

이번에는 중년의 남자가 손을 들었다.

"우리 집은 abdc번지입니다. 꼭 좀 범인을 잡아 주십시오."

"알겠습니다. 그 다음은요?"

어린 여자아이가 일어섰다.

"엄마랑 아빠는 일하러 나가셨어요……. 저희 번지는 acbd예요. 엄마 반지랑 제 곰 인형도 가져갔어요. 아저씨들이 제 곰 인형을 구해 주세요."

"그래. 알았다."

마을 사람들은 비로소 경찰들을 믿는 눈치였다. 주저브 경감과 포터 형사, 매키는 마을 회장의 집에 머무르며 늦은 밤까지 회의를 했다.

"뭔가 이유가 있을 거야……."

"도대체 abcd, abdc, acbd……. 무슨 연관이 있을까요?"

매키는 종이에 알파벳들을 끄적였다.

"가구가 총 몇 가구죠?"

"24가구."

"음, 그렇다면……."

매키는 종이에 한 가구의 번지를 적었다. 그리고 주저브 경감과 포터 형사에게 보여 주었다.

"누팡의 다음 목표는 acdb번지예요."

"뭐라고?"

"어서 이 집에 알려야겠어요."

그때였다. 밖에서 시끄러운 소리가 났다.

"무슨 일이지?"

'똑! 똑!'

"들어오세요."

마을 회장이 문을 열고 들어왔다. 그리고 한 신혼부부가 뒤따라왔다.

"무슨 일로?"

"경감님! 방금 이 신혼부부의 집이 털렸답니다. 벌써 네 집이나 도둑이 들었어요!"

"네? 어떻게……. 번지가 뭐죠?"

"acdb예요."

신혼부부는 울상이었다. 두 사람은 예물이며 보석은 물론 새로 산 고가의 가전제품들을 모두 털렸던 것이다.

"아니, 이럴 수가!"

포터 형사가 놀란 얼굴로 주저브 경감을 바라보았다.

"경감님!"

"왜?"

"매키가 예상했던 번지가 바로 이 신혼부부의 집이에요……."

"뭐라고?"

주저브 경감과 마을 회장, 신혼부부는 매키가 적어 놓은 번지를 보았다.

"세상에……. 조금만 더 일찍 알았더라면……. 털리지 않았을 텐데……."

"그러게……. 휴우~"

신혼부부는 한숨을 크게 쉬었다. 주저브 경감은 매키를 보며 말했다.

"이러고 있을 때가 아니야. 매키! 그 다음 예상 번지도 알 수 있을까?"

"물론이죠! 잠깐만요."

매키는 잠시 후 남은 20가구를 순서대로 적은 종이를 보여 주었다.

"아마도 누팡이 계획한 범행의 순서는 이렇게 될 거예요."

주저브 경감과 마을 회장은 이 사실을 마을 사람들에게 알리고 범죄 예방에 박차를 가했다. 그 후로 몽블 마을에는 더 이상 누팡이 나타나지 않았다.

<u>매키는 어떻게 누팡의 범행 대상을 미리 예상할 수 있었을까?</u>

 ## 수학으로 범인 찾기

 어떻게 누팡이 다음 범행을 할 집의 번지를 안 거지?

 범인은 사전식 배열을 이용하여 범행 순서를 정해 놓았어요.

 그게 뭐지?

 사전식 배열은 사전의 알파벳 순으로 문자를 배열하는 거예요. 예를 들어 a, b, c, d를 알파벳 순으로 배열하면 가장 먼저 오는 것은 abcd이고, 그 다음에 오는 것은 abdc가 돼요. 이때, ab 다음에 더 이상 배열할 문자가 없으므로 ac로 시작해야겠죠? 그러면 acbd가 세 번째이고, acdb가 네 번째가 돼요. 이런 식으로 a,b,c,d 네 개의 문자를 사전식으로 모두 배열하면 가장 마지막에 오는 것은 dcba가 돼요.

 그렇군.

 이런 식의 사전식 배열은 배열 자체가 어떤 정보가 될 때 그 정보를 빠르게 처리하기 위해 만들어진 배열이며, 규칙을 통해 어떤 배열이 몇 번째 배열이 되는지를 쉽게 파악할 수 있습니다.

순열

a, b, c, d, e에서 3개를 뽑아 배열하는 방법의 수를 구해 봅시다.

서로 다른 5개에서 3개를 택하는 순열의 수이므로 5×4×3=60(가지)입니다.

또 다른 예를 알아봅시다. 1, 2, 3을 서로 다르게 배열하는 방법의 수를 구해 볼까요?

역시 서로 다른 세 개에서 3개를 택하는 순열의 수이므로 3×2×1=6(가지)입니다. 이때 3×2×1을 3!라고 씁니다.

왜 이렇게 계산이 되는지 알아볼까요? 예를 들어, 3명이 있다고 하죠. 각각의 이름은 A, B, C이고. 이 세 사람 중 두 사람을 택해 일렬로 세우는 방법을 모두 알아봅시다.

A-B, A-C, B-A, B-C, C-A, C-B

6가지 방법이 있지요? 이것을 다음과 같이 생각해 봅시다. 다음과 같은 2개의 빈 의자가 있다고 하죠.

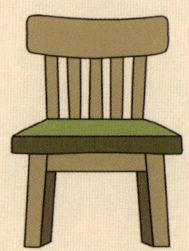 

A, B, C 세 명 중에서 두 명을 이 빈 의자에 앉히는 경우의 수를 구해 보죠.

먼저 첫 번째 의자에는 A, B, C 세 명 중 누구나 앉을 수 있지요? 그러니까 첫 번째 의자에 앉히는 방법의 수는 3가지입니다.

그럼 두 번째 의자에 앉히는 방법의 수는 얼마일까요? 이미 한 사람은 첫 번째 의자에 앉았으니까 두 번째 의자에 앉을 수 있는 사람은 첫 번째 의자에 앉은 사람을 제외한 나머지 두 명 중 한 사람입니다. 그러니까 3에서 1이 줄어든 2가지가 됩니다. 따라서 전체 경우의 수는 다음과 같습니다.

$$3 \times 2 = 6(가지)$$

3×2×1은 3!라고 씁니다.

10장

누팡의 은신처를 찾아라!
-길 찾기의 응용

'살인자 누팡! 범행 후 도주!'

로고스 시 전체가 누팡의 살인 사건으로 떠들썩했다. 여러 신문에는 누팡의 살인 사건을 다루는 기사들이 1면을 장식하고 있었다.

"누팡……."

신문을 보고 있던 주저브 경감은 기사를 보며 고개를 저었다.

"경감님! 밖에 난리가 났습니다. 사람들이 누팡을 잡아야 한다며 거리에서 시위를 하고 있어요."

"아무튼 이번에 큰 실수를 했군……."

"실수라니요?"

"아, 아니야……."

주저브 경감은 어제 일어난 살인 사건을 되짚어 보았다. 사실 누팡은 살인 사건을 의도적으로 저지른 것이 아니었다. 그가 박물관을 털고 도주하다가 옥상에서 떨어뜨린 조각상이 지나가던 노인의 머리에 맞아 살인자가 된 것이었다. 이 사실은 주저브 경감만 알고 있었다. 시민들은 모두 그가 일부러 조각상을 던져서 노인을 죽였다고 생각했다.

'굳이 내가 누팡을 감쌀 필요가 있을까? 어쨌든 살인은 살인이었어…….'

그때였다. 매키가 하얀 봉투를 들고 경찰서로 들어왔다.

"매키 왔구나!"

"모자를 푹 눌러 쓴 형이 이 봉투를 아저씨한테 전해 드리라고 했어요."

"그래? 어디 줘 봐……."

하얀 봉투를 뜯자 편지가 접혀 있었다.

주저브 경감, 보시오.

나는 얼마 전까지 누팡의 부하였소. 하지만 살인자 누팡의 부하가 되고 싶지 않아 그를 배신하기로 했소. 그래서 누팡이 은신하고 있는 곳을 알려 주겠소. 당신의 사무실에서 최단 경로의 수가 15가지인 곳이 바로 누팡의 은신처이고, 그는 지금 부상을 당해서 잡기 어렵지 않을 것이오. 그럼 이만.

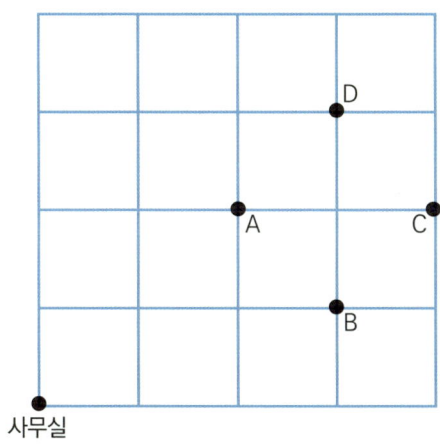

편지를 읽은 주저브 경감은 조금 당황스러웠다. 누팡이 살인자가 되자 이렇게 쉽게 그의 부하가 배신하게 될 줄은 몰랐다. 혹시 이 편지가 또 다른 함정이 아닐까 의심스럽기도 했다. 그래서 일단은 매키와 포터 형사에게 이 편지를 알리지 않기로 했다.

"경감님! 그 편지는 뭐예요?"

"어? 아, 아무 것도 아니야. 그냥 장난 편지야……."

"그런데 정말 누팡이 살인자가 맞아요? 그동안 도둑질은 많이 했지만……. 살인을 저지를 인물은 아니라고 생각했는데……."

"맞아! 살인자야!"

주저브 경감은 매키의 말에 민감하게 반응하며 소리를 질렀다. 매키는 놀란 표정으로 멍하니 서 있었다. 포터 형사가 매키에게 다가와 말했다.

"매키! 경감님이 어제 살인 사건 현장에 계셨어. 즉, 누팡 살

인 사건의 목격자이시지! 의심할 필요도 없어. 누팡은 무서운 살인자야!"

"네……."

매키는 주저브 경감의 행동이 좀 이상하다고 느꼈다. 주저브 경감은 매키에게 미안했던지 자리를 피해 경찰서 밖으로 나왔다.

'그래……. 일단은 누팡을 잡는 것이 중요해! 일단 잡고 나서 의도적인 살인이 아니었다고 말하면 되겠지……. 만약에 지금 사실대로 말한다면 누팡의 부하도 그를 배신하지 않을 거야…….'

주저브 경감은 누팡의 부하가 보낸 편지를 주머니에 넣었다. 그리고 사람들이 없는 곳에서 펼쳐 보며 누팡의 은신처를 찾기 위해 애를 썼다. 그렇게 며칠 동안 주저브 경감은 밤새도록 누팡을 잡을 궁리를 하다가 피곤해서 낮잠을 자고 있었다.

"포터 아저씨~"

"매키! 경감님이 겨우 잠드셨어. 조용!"

"잠도 한숨 못 주무시고……. 저희한테 뭔가 숨기시는 것 같아요……."

"그렇지? 사실 나도 그렇게 생각해……. 근데 도무지 말을 하셔야 도와드릴 텐데……."

주저브 경감은 잠결에 더웠던지 재킷을 벗었다. 매키는 주저브 경감의 재킷이 바닥에 떨어지자 의자에 걸쳐 놓았다. 그런데 하얀 봉투가 옷에서 떨어졌다.

"뭐지?"

포터 형사가 무심결에 봉투를 열어 보았다.

"아니……. 이건 누팡의 부하가 보낸 편지?"

"네? 그게 뭐예요?"

매키도 편지를 보게 되었다.

"누팡의 은신처? 그런데 이 사실을 왜 주저브 아저씨가 숨기셨을까요?"

"글쎄……. 이 봉투는 며칠 전에 매키 네가 전해 준 거 아니야? 그럼 벌써 시간이 좀 흘렀는데……. 진작 우리한테 알려 주었으면 더 수월할 수도 있었을 텐데……."

매키와 포터 형사는 왜 주저브 경감이 이 편지를 숨겼는지 이해되지 않았다. 조금 서운한 마음도 들었지만 일단은 누팡의 은신처를 찾는 게 우선이었다.

"일단 이 문제를 풀어야겠어요!"

그때 주저브 경감이 잠에서 깨어났다.

"뭐야?"

주저브 경감은 황급히 편지 봉투를 빼앗았다. 어찌나 세게 빼앗던지 봉투의 윗부분이 찢어졌다.

"경감님……."

"왜 남의 허락도 없이 이걸 읽는 거야? 응?"

주저브 경감은 화를 버럭 내더니 나가 버렸다. 포터 형사와 매키는 그런 주저브 경감의 행동을 이해할 수 없었다. 주저브 경감은 경찰서 밖의 벤치에 앉았다.

'나도 양심이 있는데……. 누팡을 매정한 살인자로 만들었으니……. 내 손으로 잡아야겠어……. 이번만큼은 매키의 도움 없이 해결해야 해…….'

"아저씨!"

매키가 주저브 경감의 옆에 앉았다.

"죄송해요. 일부러 꺼낸 건 아니에요. 떨어져서 그냥……. 기분이 언짢으셨다면 죄송해요……."

"아니야. 됐어!"

"저기……. 도움이 필요하면 언제든지 말씀하세요."

"됐어!"

주저브 경감은 경찰서 안으로 들어갔다. 포터 형사는 하루 종일 주저브 경감의 눈치를 보느라 죽을 맛이었다.

"저기……. 경감님, 그 편지 말인데요……. 매키가 금방 풀 수 있을 거라고 하던데……. 그럼 누팡의 은신처는 바로 알아낼 수 있을 거예요. 왜 경감님 혼자서 하시려고 하세요?"

"신경 쓰지 마! 그건 장난 편지에 불과해……. 그걸 믿나?"

"그래도……. 정말로 누팡의 부하가 보낸 것일 수도 있잖아요……. 그 부하도 잔인한 누팡한테 정이 떨어져서 배신한 것일 수도 있잖아요……."

"그만해!"

주저브 경감은 머릿속이 복잡했다. 자신이 누팡에게 죄를 뒤집어쓰게 만든 것 같아서 마음이 무거웠다. 포터 형사와 매키가 경찰서를 막 나가려 할 때 주저브 경감이 그들을 불렀다.

"저기……. 할 말이 있어."

"네?"

주저브 경감은 사람이 없는 곳으로 매키와 포터 형사를 데려갔다.

"솔직히 말해야겠어. 영 마음이 불편해서……. 누팡은 일부러 노인을 죽인 게 아니야……. 실수로 조각상이 옥상에서 떨어졌고……. 지나가던 그 노인이 머리에 조각상을 맞아서……. 그렇게 된 거야."

"네?"

매키와 포터 형사는 잠시 아무 말도 하지 않았다. 포터 형사가 먼저 입을 열었다.

"그런데 왜 말씀하지 않으셨어요?"

"말하려고 했는데, 사람들이 다들 누팡 잡기에 혈안이길래……. 일단 잡고 나서 말하려고 했어……."

"그래도……."

매키와 포터 형사는 주저브 경감의 마음을 이해할 수 있을 것 같았다.

"그럼……. 일단 누팡 부하의 편지가 가리키는 곳으로 가서 누팡을 잡아요! 대신에 누팡을 잡든지 말든지 상관없이 사실을 밝히기로 해요."

"그래……."

주저브 경감은 옷 주머니에서 편지 봉투를 꺼냈다. 그리고 매키는 부하가 낸 그 문제를 금방 풀었고, 세 사람은 곧장 그곳으로 출동하였다.

매키는 누팡의 부하가 보낸 문제를 어떻게 풀어서 누팡의 은신처를 알아낼 수 있었을까?

수학으로 범인 찾기

 누팡이 있는 곳은 어디지?

 C지점이에요.

 왜 그렇지?

 이 문제는 같은 것이 있을 때의 순열 문제예요. 예를 들어, 1, 1, 2 세 장의 숫자 카드가 있다고 하죠. 이들을 서로 다르게 세우는 방법은 몇 가지이죠?

 세 개를 일렬로 세우는 방법이니까 $3 \times 2 \times 1 = 3! = 6$(가지)인가?

아니에요. 모두 써 보지요.

1 1 2

1 2 1

2 1 1

세 가지밖에 없죠? 왜냐하면 1이 두 번 나왔기 때문이지요. 1, 1, 2 세 장의 카드는 같은 것(1, 1)이 있는데요. 이럴 때는 같은 것이 없을 때 일렬로 세우는 방법의 수(3!)를 같은 것의 수의 팩토리얼로 나누어야 해요. 즉 같은 것의 수는 2개이고, 그것의 팩토리얼은 2!이니까 3!(6가지)을 2!(2가지)로 나누면 3가지가 되지요.

이것이 이번 사건과 관계있나?

이 문제는 최단 경로의 수와 관련된 문제이니까요. 예를 들어, 다음과 같은 길을 따라 A에서 B로 가는 최단 경로의 수를 구해 보죠.

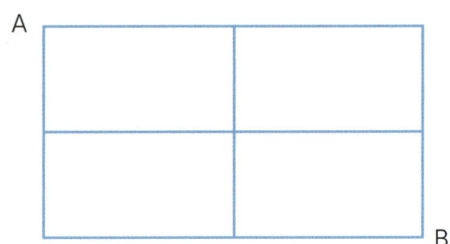

예를 들어, 하나의 최단 경로를 보면 다음과 같아요.

가로 길로 한 칸 갔다가, 세로 길로 두 칸 갔다가, 다시 가로 길로 한 칸 갔죠? 이렇게 A와 B를 잇는 가장 짧은 거리는 가로 길을 두 칸 세로 길을 두 칸 움직여야 만들 수 있어요. 그러므로 가로 길 한 칸을 '가'라고 하고 세로 길 한 칸을 '세'라고 하면 이 경로는 다음과 같죠.

가-세-세-가

그러니까 가 두 개와 세 두 개를 일렬로 세우는 모든 방법을 찾으면 되는데, 이것은 바로 $\frac{4!}{2! \times 2!} = \frac{4 \times 3 \times 2 \times 1}{2 \times 1 \times 2 \times 1} = 6$(가지)가 되지요.

그럼 누팡의 은신처는 어떻게 구하지?

누팡의 부하가 보낸 지도를 보면 각 지점까지의 최단 경로의 수를 구할 수 있어요. 다음과 같지요.

$$A = \frac{4!}{2! \times 2!} = \frac{4 \times 3 \times 2 \times 1}{2 \times 1 \times 2 \times 1} = 6(가지)$$

$$B = \frac{4!}{3!} = \frac{4 \times 3 \times 2 \times 1}{3 \times 2 \times 1} = 4(가지)$$

$$C = \frac{6!}{4! \times 2!} = \frac{6 \times 5 \times 4 \times 3 \times 2 \times 1}{4 \times 3 \times 2 \times 1 \times 2 \times 1} = 15(가지)$$

$$D = \frac{6!}{3! \times 3!} = \frac{6 \times 5 \times 4 \times 3 \times 2 \times 1}{3 \times 2 \times 1 \times 3 \times 2 \times 1} = 20(가지)$$

 그래서 C가 되는군.

우체통 문제

서로 다른 우체통에 편지 3개를 넣는 방법의 수를 구해 봅시다. 우체통을 A, B라고 하고 세 편지를 편지1, 편지2, 편지3이라고 하면 이들 세 편지를 우체통에 넣는 방법은 다음과 같습니다.

편지1	편지2	편지3
우체통 A	우체통 A	우체통 A
우체통 A	우체통 A	우체통 B
우체통 A	우체통 B	우체통 A
우체통 A	우체통 B	우체통 B
우체통 B	우체통 A	우체통 A
우체통 B	우체통 A	우체통 B
우체통 B	우체통 B	우체통 A
우체통 B	우체통 B	우체통 B

그러므로 2개에서 중복을 허락해 3개를 뽑아내는 경우의 수인 $2^3=8$(가지)입니다.

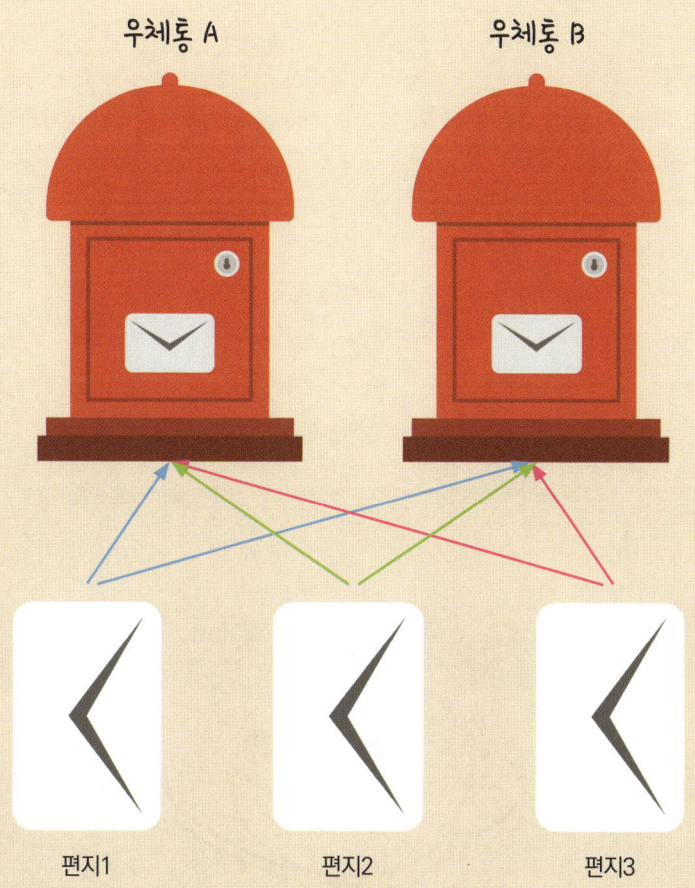

각각의 편지를 넣을 수 있는 우체통이 2개씩이므로 $2 \times 2 \times 2 = 2^3 = 8$(가지)입니다.

11장

3초 만에 암호를 풀어라!

-평균

누팡의 부하가 알려 준 누팡의 은신처로 출동한 세 사람은 허름한 집의 문 앞에 도착했다.

"경감님! 이렇게 허름한 곳에 천하의 도둑 누팡이 있다는 것이 의외네요……. 지난번에는 펜트하우스로 우릴 불렀잖아요……. 저는 누팡이 부자인 줄 알았는데……."

집은 꽤 오래된 것 같았다. 적어도 20년은 넘은 집 같았다.

"어서 들어가서 누팡을 잡자고! 드디어 누팡을 내 손으로 잡는구나! 기다려라~"

"잠깐만요! 이건 암호예요……. 문이 암호로 되어 있어요……."

"뭐라고? 이 녀석이 끝까지 골치 아프게……. 암호를 너무 좋아하네."

포터 형사는 화면에 손을 대려고 했다. 매키가 그의 손을 잡고 막아섰다.

"함부로 만지면 안 돼요! 여기를 보면 평균을 3초 안에 구하라고 하네요. 그리고 화면을 만지면 바로 문제가 출제될 거라고……. 답을 입력하지 않으면 화면을 만진 손이 무사하지 못할 것이라고 쓰여 있어요."

매키의 말에 포터 형사는 순간 손을 내리고 화면에서 멀찌감치 떨어졌다.

"휴우~ 큰일 날 뻔했어……."

놀란 가슴을 쓸어내리며 안도의 한숨을 내쉬었다. 그러자 주저브 경감이 앞으로 나서며 손을 내밀려고 했다.

"까짓것 해보자고!"

또다시 매키가 손을 막았다.

"안 돼요! 화면에 손을 댄 사람이 문제를 풀어야 한대요. 자신 있으세요?"

"뭐? 아, 아니……."

주저브 경감은 멈칫하며 손을 내려놓았다. 결국 화면에 손을 댈 수 있는 사람은 매키뿐이었다.

"매키! 위험하다. 그냥 포기해……. 누팡은 다음에 잡기로 하자!"

매키도 선뜻 나설 수가 없었다. 어떤 문제가 나올지도 모르는 상황이었고 손을 잃을 수도 있으니 두려움이 앞섰다.

"죄, 죄송해요……."

"아니야! 괜히 무모하게 도전했다가 누팡에게 당할 수도 있어! 어서 경찰서로 돌아가서 집 안으로 들어갈 다른 방도를 찾아보자!"

세 사람은 누팡을 잡지 못해서 아쉬웠지만 결국 경찰서로 돌아왔다.

"아까 그 집 사진을 찍었어요. 그런데 그 문 말고는 어떤 출입구도 없더라구요……. 심지어 창문도 없어요."

"그렇겠지……. 그러니까 그런 암호의 문을 만들어 놓았겠지……. 휴우~"

다들 한숨만 내쉬고 딱히 방법이 떠오르지 않았다. 매키는 자신의 용기가 부족했던 것은 아닌지 싶어서 아쉬웠다.

"저기, 주저브 아저씨……. 그리고 포터 아저씨!"

"응?"

"제가 도전할게요……."

"안 돼! 너무 위험해!"

"그래도 방법이 없잖아요……. 아마 누팡은 은신처에서 절대로 나오지 않을 거예요……. 부하 말대로라면 부상 때문에 꼼짝없이 거기에 있을 텐데……."

"그렇지……. 하지만 안 돼! 손이 어떻게 될지 모르잖아! 분명 그 녀석은 끔찍한 장치를 해 놓았을 거야……. 손을 잃게 될 수도 있어……."

"……."

매키도 더 이상은 용기를 내기가 쉽지 않았다. 자신의 손을 잃을 수도 있다고 생각하니 끔찍하고 아찔했다. 주저브 경감과 포터 형사는 누팡의 은신처에 들어갈 계획을 포기하기로 했다.

"오늘은 그만 집으로 돌아가자! 일단 누팡이 부상 중이니까 말썽을 부리지는 않을 거야……. 그게 어디야? 하하하~"

세 사람은 각자 집으로 돌아갔다. 주저브 경감은 누팡을 잡을 절호의 기회를 놓치게 된 것이 아쉬워서 다시 경찰서로 돌아왔다. 포터 형사 역시 집으로 걸어가다가 안타까운 마음에 경찰서로 걸음을 옮겼다.

"포터!"

"경감님!"

"자네는 집에 안 가나?"

"그냥……. 업무가 조금 남아서……."

"그래? 그럼 같이 야식이나 시켜 먹을까?"

"네, 피자 어때요?"

"좋지~"

두 사람은 경찰서에 돌아와 피자를 시켜 먹으며 말했다.

"경감님! 많이 아쉬우시죠?"

"그렇지 뭐……. 하지만 어쩔 수 없잖아!"

"제가 수학을 잘하면 좋았을 텐데……."

"자네가? 자네처럼 겁 많은 사람이 행여나~ 화면에 손도 못 댈걸? 다른 방법을 찾아야겠어. 부상 중이라면 치료해야 하니까 밖으로 나오지 않을까? 아니면 누군가가 들어가거나……."

"그렇겠죠? 그럼 내일부터 당장 누팡의 은신처 앞에서 쭉 잠복 근무해요!"

"그래! 그렇게라도 해보자고!"

포터 형사와 주저브 경감은 피자를 다 먹고 집으로 돌아갔다. 침대에 누운 매키는 잠이 오지 않았다. 누팡의 은신처로 들어가기 위한 암호가 눈앞에 아른거렸다.

'내가 풀었어야 했어……. 수학 탐정이라면서 용기도 없고……. 난 겁쟁이야! 비겁해!'

매키는 뒤척거리며 한숨도 자지 못했다. 다음 날 경찰서로 갔다.

"매키! 눈이 왜 그렇게 피곤해 보이니? 어제 잠 못 잤어?"

"좀 뒤척였어요……."

"오늘부터 나는 경감님이랑 누팡 은신처 앞에서 잠복 근무하기로 했어! 매키 너는 어리니까 참여할 수 없어! 하하하~"

주저브 경감과 포터 형사는 누팡의 은신처로 출발했다. 매키는 두 사람 몰래 뒤따라갔다.

"아저씨!"

"매키! 네가 어떻게 여기에 왔어? 당분간은 학교 공부에 충

실하도록 해!"

"저도 해볼래요……."

"뭐? 그건 이미 안 된다고 했잖아! 어서 학교나 가렴!"

매키는 문 앞으로 걸어갔다. 주저브 경감과 포터 형사는 걱정하면서 매키의 뒤를 쫓아갔다.

"안 돼!"

순간 매키는 '998, 1002, 1003, 997, 999, 1000, 1001, 1008'이라는 숫자가 있는 화면에 손을 갖다 댔다.

매키는 바로 네 자리 숫자로 된 답을 입력했다. 그리고 잠시

후 기계음이 들려왔다.

"정답입니다. 문이 열립니다."

'삐이익~'

소리와 함께 문이 활짝 열렸다. 눈을 질끈 감고 있던 매키는 잔뜩 긴장을 하고 있었던 탓에 문이 열리는 동시에 자리에 털썩 주저앉았다.

"매키!"

주저브 경감과 포터 형사는 매키를 일으켜 세웠다.

"매키! 정신 차려! 문이 열렸어. 드디어 문이 열렸다고!"

"저, 정말요?"

매키는 힘겹게 눈을 떴다. 그리고 자신의 손을 바라보았다.

"내 손은 멀쩡하네요……. 하하하~"

"녀석! 용감한 척은 다하더니~"

"자! 이제 일어나! 어서 들어가서 누팡을 잡아야지! 드디어 누팡 녀석의 얼굴을 보겠군!"

매키는 어떻게 3초 만에 암호를 풀었을까? 그리고 매키가 구한 답은?

 **수학으로 범인 찾기**

 어떻게 평균을 빨리 구한 거지?

 평균은 모든 수를 더한 다음에 수의 개수로 나눈 값이에요.

 그런데 어떻게 그렇게 빠르게 수들을 더할 수 있지?

 평균을 빨리 구하는 방법이 있어요.

 그게 뭔데?

 가평균을 이용하는 거예요.

 가평균?

 가짜 평균이라는 뜻이지요. 예를 들어, 똘이의 시험점수가 다음과 같다고 해봐요.

$$94, 88, 97, 91, 89$$

가평균을 90으로 생각해요. 그리고 원래의 점수에서 가평균을 뺀 수를 쓰면 다음과 같아요.

4, -2, 7, 1, -1

🧑‍🦱 이 다섯 수의 합은 9이죠? 9를 5로 나누면 1.8이잖아요? 이 값을 가평균에 더하면 91.8이 바로 평균이에요. 그럼 우리 문제로 돌아가 보죠.

998, 1002, 1003, 997, 999, 1000, 1001, 1008

🧑‍🦱 가평균을 1,000으로 하여 원래의 점수에서 가평균을 뺀 수를 쓰면 다음과 같죠.

-2, 2, 3, -3, -1, 0, 1, 8

🧑‍🦱 이 수를 모두 더하면 8이 되고, 그것을 8로 나누면 1이잖아요? 그러니까 구하는 평균은 1,001이에요.

👴 정말 빠르군.

산포도

김수업 선생님과 이산만 선생님은 같은 학교에서 수학을 가르치고 있습니다. 그런데 두 선생님이 맡고 있는 반 아이들의 시험 점수가 다음과 같았습니다.

김수업 선생님 반

78, 82, 7,7 83, 80

이산만 선생님 반

60, 70, 80, 90, 100

어떤 반 아이들을 가르치는 것이 편할까요?

두 반의 평균은 모두 80점으로 같습니다. 하지만 김수업 선생님 반 아이들의 점수는 평균 주위에 몰려 있으므로 서로 수준이 비슷합니다. 그러므로 김수업 선생님이 수업을 하기에 편합니다. 이렇게 점수들이 평균 주위에 어떻게 몰려 있는지를 나타내는 양을 산포도라고 하는데, 산포도가 작으면 점수들이 평균 주위에 몰려 있고 산포도가 크면 점수들이 평균에서 멀리 떨어져 있습니다.

점수들이 평균 주위에 어떻게 몰려 있는지를 나타내는 양을 산포도라고 해요!

12장

계단의 암호를 풀어라!
-조합의 응용

주저브 경감과 포터 형사, 매키는 비밀의 문을 열고 조심스럽게 한 걸음씩 들어섰다.

"드디어 누팡의 실체가 드러나는 순간이군……."

"어라? 또 문이 있어요……."

주저브 경감이 새로운 문을 열자 여섯 계단이 보였고, 계단 끝에는 문이 있었다. 주저브 경감이 첫 번째 계단을 오르려 하자 매키가 막아섰다.

"안 돼요!"

주저브 경감은 깜짝 놀라며 발을 내려놓았다.

"왜 그러니? 이 문에도 또 암호가 있니?"

"문이 아니라 이 계단이 암호예요."

"뭐?"

매키는 계단 난간에 적혀 있는 경고문을 읽어 내려갔다.

'이 계단을 이용해야 계단 끝에 있는 문을 열 수 있다. 한 칸, 두 칸씩 이동하여 오르는 방법으로 모두 이동해야만 계단 위의 문이 열릴 수 있다. 단, 무작정 계단을 오를 경우 계단 아래로 끝없이 추락할 것이니 주의하시오!'

주저브 경감은 순간 등줄기가 오싹했다. 하마터면 계단 아래로 끝없이 추락할 뻔했던 것이다.

"휴우~ 정말 산 넘어 산이라더니……. 아예 목숨을 내놓으라는 거잖아……. 누팡 이 녀석……."

이번 문제는 손이 아니라 목숨이 걸린 문제였다. 세 사람은 한동안 말이 없었다. 여섯 계단 위에 있는 문을 멍하니 바라보고 있었다.

"경감님! 이번에는 정말 불가능해요. 차라리 누팡이 저 안에서 스스로 나오거나 굶어 죽기를 바라는 게 훨씬 나을 것 같아요……."

"으흠……. 그래……. 이건 무모한 도전 같아. 매키야! 이번에는 아까처럼 돌발행동을 해서는 안 돼! 아까와는 차원이 달라!"

"네……."

세 사람은 아쉬운 마음을 가득 품고 경찰서로 돌아왔다. 경찰서로 돌아오는 차 안에서도 아무도 입을 열지 않았다. 그동안 누팡을 잡느라 정신없이 쫓아다녔는데, 이제는 눈앞에 가만히 있는 누팡에게 다가갈 수 없으니 답답하기만 했다.

"저기……. 그 계단 암호를 풀 수 있을 것 같아요!"

"매키! 이제 더 이상 경찰서에 오지 마라!"

주저브 경감은 매키에게 단호하게 말했다. 포터 형사와 매키는 놀란 눈으로 그를 바라보았다.

"여기까지만 하자! 지금까지도 위험했지만 이번 일은 그것들에 비하면 아주 심각하지……. 매키는 훌륭한 수학탐정이지만 아직 어린이야. 위험한 이 일에 더 이상 끌어들일 수 없어. 이번 문제는 목숨이 걸린 문제야! 실수하면 돌이킬 수 없는 결과를 초래하게 될 거야. 아무튼 경찰서에는 다시는 발을 들이지 마라!"

주저브 경감은 매키의 집 앞으로 데려다 주기 위해 운전했다. 매키의 집에 도착하자 차를 멈추었다.

"그동안 고마웠다. 내려라."

"주저브 아저씨……. 포터 아저씨……."

매키는 자기도 모르게 눈물이 흘렀다. 이렇게 갑자기 헤어지게 될 줄은 몰랐던 것이다. 포터 형사 역시 갑작스러운 이별에 몹시 당황한 기색이었다.

"경감님……. 그래도 이렇게 갑자기 매키를……."

"어서 내려! 공부 열심히 하고 멋진 수학탐정이 되거라!"

주저브 경감의 말투에 단호한 기색이 엿보이자 매키는 차에서 내렸다.

"저기……. 조심히 가세요……."

매키는 울먹이며 인사를 했다. 주저브 경감은 그런 매키를 쳐다보지도 않고 차를 움직였다. 매키의 얼굴을 바라보면 마음이 약해질 것 같기 때문이었다.

"경감님! 너무하세요!"

포터 형사는 울먹이던 매키의 모습이 떠올라 너무나도 안쓰러웠다. 하지만 주저브 경감은 눈 하나 깜짝하지 않고 운전에 열중했다. 경찰서에 도착하자 포터 형사는 화가 났는지 먼저 집으로 갔다.

"휴우……. 이제 됐어……."

주저브 경감은 의자에 앉아 중얼거렸다.

"지금은 날 원망하겠지……. 하지만 다 매키를 위해서야……. 이번 계단 문제는 너무 위험해. 손을 잃을 수 있다고 해도 도전했던 녀석이야……. 잘못해서 계단 아래로 추락한

다면……. 안 돼…….'

다음 날, 매키는 경찰서에 나타났다. 그런데 경찰관들이 매키를 막아섰다.

"들어오면 안 된단다. 집으로 돌아가렴."

"왜 못 들어가게 하는 거예요?"

"안 돼! 경감님이 너를 들여보내지 말라고 하셨어. 돌아가."

매키는 눈물을 뚝뚝 흘리며 돌아섰다. 지나가던 포터 형사가 그 모습을 보고 매키에게 달려왔다.

"매키!"

"포터 아저씨! 제가 무엇을 잘못한 거죠? 그렇죠? 그래서 주저브 아저씨가 화나신 거죠?"

"아니야. 너는 장차 멋진 수학탐정이 될 거야. 경감님이 널 위해서 이번 일에 끌어들이지 않으시려는 걸 거야."

"그 계단 암호를……. 풀 수 있어요. 왜 못하게 하는 거예요? 누팡을 잡고 싶어 하시잖아요."

"누팡을 잡는 것보다……. 네가 더 소중하다고 생각하시니까……."

매키는 터벅터벅 집으로 걸어왔다. 포터 형사는 멀어지는 매키의 뒷모습을 보니 마음이 아팠다. 포터 형사는 사무실로 들어갔다.

"포터!"

"경감님……."

"매키는 좀 어때?"

"이번 사건에 참여하지 못해서 실망이 큰 것 같아요……."

"어쩔 수 없어. 우린 누팡 은신처에 가 보자고!"

"네……."

두 사람은 누팡의 은신처에 도착했다. 여전히 계단 위의 문은 굳게 닫혀 있었다.

"포터!"

"네?"

"우리는 누팡을 못 잡는 건가? 이렇게 코앞에 있는데……."

"잡히겠죠……. 언젠가는……."

주저브 경감과 포터 형사는 계단을 바라만 보다가 다시 경찰서로 돌아왔다. 그렇게 며칠이 지나고 주저브 경감의 휴태

폰으로 문자가 왔다.

 누팡의 은신처 계단의 암호를 풀었어요

말도 안 돼. 이 암호는 절대로 풀 수 없어!

 저를 믿어 보세요.

정말 자신 있는 거야?

 물론이죠. 100% 자신 있어요!

"매키가 정말 암호를 풀었을까?"

주저브 경감이 고개를 갸우뚱거리며 포터 형사에게 물었다.

"100% 확신한다고 하잖아요……. 매키 부모님도 매키가 매일 멍하니 앉아만 있다고 걱정이시던데……."

"뭐? 날마다 멍하니 앉아 있다고?"

"마음이 온통 그 계단에 가 있는데……. 아무렇지도 않을 수 있겠어요?"

"안 되겠군! 당장 경찰서로 오라고 해!"

"정말요?"

포터 형사는 매키에게 전화를 했다. 매키는 부리나케 달려왔다.

"주저브 아저씨!"

"바보 같은 녀석! 대신 그 계단은 네가 아니라 내가 오를 거야! 네가 알려 주는 방법대로 하면 될 테니까."

"네, 그러면 되겠네요. 어서 빨리 가요!"

매키의 얼굴에는 생기가 감돌았다. 포터 형사 역시 오랜만에 웃을 수 있었다.

세 사람은 누팡의 은신처로 향했다. 매키는 차가 멈추자마자 현관으로 들어갔다.

"매키야! 같이 가!"

"얼른 오세요!"

주저브 경감은 매키가 알려 준 방법대로 계단을 오르락내리락했다. 그리고 잠시 후, 계단 위의 문이 스르륵 열렸다.

<u>매키가 알아낸 계단을 오르는 방법은 모두 몇 가지의 경우가 있을까?</u>

수학으로 범인 찾기

🧓 이 문제를 어떻게 푼 거지?

👦 계단을 한 칸 또는 두 칸을 올라서 6칸을 오르는 모든 경우의 수를 헤아리면 돼요. 한 칸을 오른 횟수를 x(번)이라 하고, 두 칸을 오른 횟수를 y번이라고 하죠. 계단은 총 6칸이니까 다음과 같죠.

$$x + 2 \times y = 6$$

👦 이 식을 만족하는 모든 x와 y를 찾으면 돼요.

 그걸 어떻게 찾지? 조건이 하나뿐이잖아?

👦 x와 y는 모두 0 이상의 정수예요. 그러니까 차례대로 따져 보면 되죠. $x=0$인 경우는 $2y=6$이니까 $y=3$만 가능해요.

 그렇군.

👦 $x=1$인 경우는 $2y=5$이니까 가능한 y는 없어요. y는 0 또는 자연수가 되어야 하니까요. 마찬가지로 $x=3$이나 $x=5$는 불가능해요.

$x=2$인 경우는

$2y=4$ 이니까

$y=2$만 가능해요.

$x=4$인 경우는

$2y=2$가 되니까

$y=1$만 가능해요.

$x=6$인 경우는

$2y=0$이니까

$y=0$만 가능해요.

 그럼 4가지인가?

 그렇지 않아요. $x=0, y=3$인 경우는

2칸 – 2칸 – 2칸

의 한 가지 방법이지만 $x=2, y=2$인 경우는

1칸 – 1칸 – 2칸 – 2칸

1칸 – 2칸 – 1칸 – 2칸

1칸 – 2칸 – 2칸 – 1칸

2칸 – 1칸 – 1칸 – 2칸

2칸 – 1칸 – 2칸 – 1칸

2칸 – 2칸 – 1칸 – 1칸

의 6가지 경우가 생겨요. 마찬가지로 $x=4, y=1$인 경우는

1칸 – 1칸 – 1칸 – 1칸 – 2칸

1칸 – 1칸 – 1칸 – 2칸 – 1칸

1칸 – 1칸 – 2칸 – 1칸 – 1칸

1칸 – 2칸 – 1칸 – 1칸 – 1칸

2칸 – 1칸 – 1칸 – 1칸 – 1칸

의 5가지 경우가 생기고, $x=6, y=0$인 경우는

1칸 – 1칸 – 1칸 – 1칸 – 1칸 – 1칸

의 한 가지 경우만 생기죠. 그러니까 여섯 계단을 오르는 서로 다른 방법의 수는 다음과 같아요.

1+6+5+1=13(가지)

🧒 그러니까 주저브 아저씨는 제가 알려 준 이 13가지의 방법대로 이동하여 계단을 오른 거예요.

👴 아, 그렇군!

야구 대회와 경우의 수

　어느 나라의 야구팀은 모두 8팀인데, 하루도 쉬지 않고 하루에 두 경기씩 8일 동안 야구 대회를 하기로 했다고 합시다. 어떻게 하면 8일 동안 하루에 두 경기씩 하는 야구 대회를 만들 수 있을까요?

　우선 8개의 팀을 두 개의 조로 나눕니다. 그리고 각 조는 풀 리그를 벌입니다. 4개의 팀이 풀 리그를 하는 경우의 수는 4개 중에서 2개를 택하는 경우의 수인 6가지이고, 이것이 두 조이므로 예선 두 조의 경기 수는 12경기가 됩니다.

　이 방법으로 각 조의 1, 2위 팀이 올라가 4강 토너먼트를 벌이고 결승전과 3, 4위전을 치르면 다시 4경기가 추가되므로, 전체 경기 수는 16경기가 되어 8일 동안 진행할 수 있게 됩니다.

13장

누팡의 최후

-파스칼의 삼각형

스르륵 문이 열리자 주저브 경감과 포터 형사, 매키는 계단을 올라 안으로 들어갔다.

"아이고, 또 문이에요……."

"또?"

세 사람은 세 번째 문을 보고는 지레 겁을 먹었다. 잠시 바닥에 주저앉아 휴식을 취했다.

"매키!"

"네?"

"너는 탐정이 그렇게 좋니?"

"네! 하하하~"

"녀석……."

그때였다.

"윽……."

어디선가 신음 소리가 들리기 시작했다.

"이 소리 들리니?"

"네……. 사람 소리예요……."

"저 문 너머로 들리는 소리예요……."

"그렇다면 누팡이 지금 저 안에……."

주저브 경감은 자리에서 벌떡 일어나 주먹으로 문을 내리쳤다.

"누팡! 누팡!"

"으윽……. 헉!"

안에 있는 사람은 분명 큰 부상을 당한 듯했다. 매우 아파서 신음 소리조차 제대로 내지 못하고 있었다.

"누팡이 확실한 것 같아. 부상이 심각한가 보군……."

"어서 암호를 풀어야겠어요!"

"그래. 매키!"

이번에는 입구에 암호가 보이지 않았다. 그렇다고 문에 문고리가 있는 것도 아니었다.

"암호가 없어요……."

"뭐라고?"

"열 방법이 없어요……."

"도대체 이건 또 뭐지? 이런……."

세 사람은 문 너머로 들려오는 누팡의 신음 소리를 들으며 몇 시간을 앉아 있었다.

"찾았어요!"

매키의 말에 주저브 경감과 포터 형사는 문 앞으로 달려갔다.

"여기에 번호판이 있어요. 그런데 암호가 몇 자리인지 알 수가 없네요……. 단지 0부터 9까지의 번호를 누르는 버튼만 있을 뿐이에요……."

"갈수록 태산이군……. 벌써 밤 10시야. 일단 집으로 갔다가 내일 다시 오자고!"

그날 밤 주저브 경감은 한 통의 이메일을 받았다.

"누가 보낸 거지?"

스팸메일이 아닌지 의심을 하다가 그냥 열어 보기로 했다.

주저브 경감과 매키에게

나는 누팡을 그동안 모셨던 부하 네메프입니다.

누팡은 지금 자신의 행동을 깊이 반성하고 있으며 비밀의 방에서 죽어 가고 있습니다. 누팡을 도와주세요. 누팡의 비밀의 방의 비밀번호는 다음 물음표에 들어갈 숫자들이라고 들었어요. 하지만 나는 수학을 몰라서 알 수가 없어요.

-네메프가

$$11$$
$$121$$
$$1331$$
$$14641$$
$$?$$

다음 날 주저브 경감은 경찰서로 가기 전에 누팡의 은신처에 들렀다. 포터 형사와 매키도 그곳에 먼저 와 있었다.

"다들 일찍 왔네."

"네……. 잠이 안 와서요!"

"다른 출구가 있는 건 아닐까요?"

세 사람은 누팡이 있는 방 앞으로 올라갔다. 어제보다 더 힘없는 소리가 들려왔다.

"읍……."

금방이라도 쓰러질 듯한 신음 소리였다.

"누팡이 정말 많이 아픈가 봐요……."

"거참, 이제는 범인 걱정까지 하게 되다니……. 문이 열려야 병원에 데려가든가 할 거 아니야!"

"그런데 좀 이상하지 않아요? 저렇게 아프면 일단 잡히더라도 밖으로 나올 텐데……. 꼭 갇혀 있는 사람처럼 끙끙 앓고만 있으니……. 나오지 못하는 것 같아요."

"하긴……. 그런가?"

오늘도 아무런 수확도 없이 문 앞에서만 서성거리다가 집으로 돌아왔다. 그런데 주저브 경감에게 또다시 이메일이 왔다. 어제 왔던 이메일과 같은 것이었다.

"도대체 물음표의 수가 뭐야? 시원하게 답을 알려주지 말이야. 에잇!"

주저브 경감은 삭제 버튼을 누르고 컴퓨터 전원을 껐다.

"잠이나 자야겠다. 누팡은 어차피 그 안에 있으니까 도망갈

일은 없겠지?"

주저브 경감은 다음 날 경찰서로 갔다.

"경감님! 아무래도 누팡이 많이 아픈 거 같아요."

"일단 문부터 열어야겠지."

주저브 경감은 컴퓨터를 켰다.

"어라? 또 이메일이네……."

이메일을 삭제하려고 할 때 매키가 주저브 경감의 손을 잡았다.

"잠깐만요. 파스칼의 삼각형이에요!"

"그게 뭐지?"

"시간이 없어요. 어서 누팡의 은신처로 가요! 가면서 얘기해요."

포터 형사가 사무실로 들어오자 세 사람은 차에 올랐다.

"또 누팡 은신처에 가는 거예요? 우리 그만 포기하죠?"

포터 형사의 말에 매키와 주저브 경감은 대꾸도 하지 않았다.

"그 이메일에 단서가 있었어요. 마지막 5행에 들어가는 숫자를 입력하면 문이 열릴 거예요!"

"그래? 난 스팸메일인 줄 알고 그냥 삭제만 했었는데……."

"파스칼! 즉 파스칼의 삼각형이에요! 그게 우리가 풀게 될 암호! 즉 문의 비밀번호예요."

"꼭 그게 정답이었으면 좋겠구나!"

누팡의 은신처에 도착하자 매키는 암호문 앞으로 달려갔다. 그리고 번호를 꾹꾹 차례대로 눌렀다.

"삐리리릭!"

문은 소리를 내며 '덜컹' 열렸다. 문이 열리자 누군가가 방 안에 누워 있었다.

"누팡?"

"윽……. 겨, 경감……. 드디어 왔군……."

"이봐! 어떻게 된 거야?"

"그동안 내가 훔친 물건들은 퐁테르 빌딩 펜트하우스에 있어……. 암호는 1004야……."

"뭐? 정신 좀 차려! 감옥에서 죗값을 치러야지! 이렇게 죽으면 안 돼!"

포터 형사는 구급대를 불렀다. 하지만 누팡은 물건이 있는 곳을 말하자마자 정신을 잃었다.

'띠용~ 띠용~'

구급차를 타고 병원 응급실에 도착했지만 누팡은 정신을 차리지 못했다. 주저브 경감과 매키, 포터 형사는 퐁테르 빌딩의 펜트하우스로 향했다.

"비밀번호가 1004? 천사? 거참, 정말 안 어울리네……."

펜트하우스의 문이 열리자 그동안 도난당했던 고가의 미술 작품에서 보석에 이르기까지 다양한 물건들이 고스란히 놓여 있었다.

"정말 대단하군······."

"그런데 이 많은 보석들을 왜 그대로 쌓아 두었지? 그럴 거면 왜 훔친 거야?"

"괴짜 도둑은 괴짜 도둑이야······."

물건들은 주인을 찾아갔지만 누팡은 결국 혼수상태에서 깨어나지 못했다. 그리고 주저브 경감과 포터 형사, 매키는 훈장을 받게 되었다. 주저브 경감은 경찰서장이 되었고, 포터 형사는 포터 경감이 되었다. 그리고 매키는 수학탐정이라는 정식 명칭을 얻어 명예 경찰로 활동하게 되었다.

매키는 어떻게 비밀번호를 알았을까?

수학으로 범인 찾기

 비밀번호는 15101051이에요!

 어떻게 비밀번호를 안 거지?

 파스칼의 삼각형의 다섯째 줄을 찾은 거죠.

 파스칼의 삼각형이 뭐지?

 수학자 파스칼이 찾아낸 규칙이에요. 예를 들어, 맨 처음 수는 1, 1이지요. 그럼 두 수의 합은 2이니까 양끝의 1은 그대로 써 주고 그 사이에 두 수의 합을 써 주면 다음과 같죠.

$$1\ 1$$
$$1\ 2\ 1$$

 그 다음엔?

 다시 양끝의 1은 내려오고 두 수의 합은 1+2=3, 2+1=3이므로 다음과 같이 쓰면 돼요.

$$1\ 1$$
$$1\ 2\ 1$$
$$1\ 3\ 3\ 1$$

다시 같은 방법을 넷째 줄에 적용하면 다음과 같죠.

  1 1
 1 2 1
1 3 3 1
1 4 6 4 1

 이를 다시 다섯째 줄에 적용하면 다음과 같죠.

   1 1
  1 2 1
 1 3 3 1
 1 4 6 4 1
1 5 10 10 5 1

 그러니까 비밀번호는 15101051이 되는 거예요.

 그렇군.

도수분포표

학생 수가 10명인 어떤 반 학생들의 몸무게가 다음과 같다고 합시다. 단위는 kg입니다.

38, 45, 48, 50, 44, 35, 55, 46, 56, 38

이러한 값들을 자료라고 하죠. 자, 이것을 10kg 간격으로 표로 만들어 봅시다.

몸무게	학생 수
30 이상 40 미만	3
40 이상 50 미만	4
50 이상 60 미만	3

□ 이상에서 △ 이하를 간단하게 □~△라고 하죠.

몸무게	학생수
30~40	3
40~50	4
50~60	3

이때, 30~40, 40~50, 50~60과 같이 변량(주어진 조건에 변화하는 양)을 일정한 간격으로 나눈 구간을 계급이라고 합니다.

여기서는 10kg 간격으로 나눴지요? 이때 10을 계급의 크기라고 합니다.

30~40, 40~50, 50~60의 중앙값은 각각 35, 45, 55인데 그것을 각 계급의 계급값이라고 합니다.

이제 도수에 대해 알아봅시다. 도수는 각 계급에 속하는 변량의 수입니다. 이 경우 30~40 계급의 도수는 3입니다. 이렇게 계급과 도수로 나타내는 표를 도수분포표라고 합니다.

부록

탐구노트 쓰기

탐구노트를 잘 쓰는 법!

많은 학교와 학원에서 탐구노트의 중요성에 대해 말합니다. 그러나 탐구노트는 반드시 오답노트와 정리노트와는 달라야 합니다. 소크라테스와의 대화를 통해 자신의 오류를 깨닫고 새로운 질문을 만들어내서 생각과 지식의 폭을 넓히듯이, 우리도 책을 통해 알게 된 지식들을 선생님과의 대화를 통해 수정하고 자신만의 지식을 확장할 수 있는 문제를 만들어 탐구하는 장, 그것이 바로 수학탐구노트입니다.

탐구노트는 책을 읽고 스스로 탐구주제를 정하고 탐구하기 위해 쓰는 것인데, 탐구노트를 어느 정도 잘 쓰기 위해서는 2년 정도 주제탐구를 하는 연습이 필요합니다. 여러분이 책을 읽고 자신의 생각을 글로 표현하기 위해서는, 특히 그것이 논리적 글쓰기라면 더욱더 연습이 필요합니다.

탐구노트를 잘 쓰기 위해서는 주제에 맞는 탐구노트를 쓰는 것이 중요합니다. 어린이 여러분은 글을 쓸 때, 자신의 생각을 적는 것을 좋아해서 "이럴 것 같다"라는 말로 마무리 짓는 경향이 있습니다.

그러나 탐구노트는 탐구주제에 대한 자신의 생각을 자료조사, 검증, 증명 등의 수단을 통해 결과를 정리하는 것이 더 중요합니다. 어린이들의 호기심은 무한하지만, 그 호기심이 단순히 '이럴 것 같다', '왜 그렇지?'라는 생각으로만 끝난다면 의미가 없기 때문입니다. 그리고 이런 과정은 혼자서 여러 번 쓰는 것보다 잘 쓰여진 친구들의 탐구노트를 읽어보거나 선생님의 피드백을 통해 성장하는 과정이 필요합니다.

버려야 할 생각

① 탐구노트에 그날 배운 수학 내용이나 수학동화를 읽고 느낀 점, 기억하는 내용을 정리해야 한다는 생각은 버립니다.
② 꼭 답을 내야 한다는 생각은 버립니다.
③ 꼭 푼 문제의 답을 맞혀야 한다는 생각은 버립니다.
④ 보통의 탐구노트처럼 한두 쪽만 써야 한다는 생각은 버립니다.

가져야 할 생각

① 오늘 배운 내용이 반드시 그렇지 않다면, 다른 방법은 없을

까?

② 오늘 배운 내용이 이렇다면, 그 다음에 이것보다 한 차원 높은 단계는 뭘까?

③ 책에서 이런 글의 내용을 읽었는데, 왜 그렇게 되지?

④ 오늘 배운 내용에 의하면 이런데, 이것을 다른 문제를 풀 때도 적용할 수 있을까?

⑤ 이런 수학적 원리와 개념은 우리 일상생활에서 뭐가 있지?

탐구노트에 쓰지 말아야 하는 용어

① 다음에 꼭 알아봐야겠다. → 오늘 알아봅시다.

② 이러이러한 것들이 궁금하다.

→ 그런 궁금한 것들을 연구하는 것이 탐구노트입니다.

③ 어려웠다, 쉬웠다, 힘들었다, 보람되었다 등의 감정을 담은 내용

→ "이것으로 오늘 탐구를 마무리한다"로 끝을 맺어 봅시다.

④ 선생님께 여쭤봐야겠다.

→ 스스로 찾아보고 정리한 후 선생님께 확인을 부탁드리면 어떨까요? 세상을 바꾼 수학자들은 항상 스스로 탐구하기를 좋아했습니다.

 탐구주제

이제까지 읽은 이야기가 재미있었나요? 이 책에 나오는 문제들을 풀려면 수학적으로 사고해야 합니다. 다음의 질문들을 곰곰이 생각해 보며 탐구노트를 써 보세요.

1. 주사위 눈의 합에 대해 탐구해 봅시다.

(1) 2개, 3개의 주사위를 던질 때, 주사위 눈의 합의 경우의 수를 구하고, 가장 많이 나오는 수를 구해 보세요.

(2) 주사위 개수가 증가함에 따라 주사위 눈의 합이 가장 많이 나오는 수의 규칙을 찾아보세요.

2. 경우의 수에 대해 탐구해 봅시다.

(1) 경우의 수를 구할 때 나열하는 것들은 순서가 있는 경우와 순서가 없는 경우가 있습니다. 둘의 차이를 각각 예를 들어 설명하고, 그 문제들을 해결해 보세요.

(2) 둥근 식탁에 앉는 경우는 회전을 해도 같은 경우이므로 한 줄로 나열하는 경우와 그 경우의 수가 다릅니다. 왜 그런지

그림을 그려 가며 설명하고, 원형 모양이 아닌 다양한 모양의 식탁에 앉는 경우의 수를 구해 보세요.

(3) 사전식 배열이란 알파벳 순서대로(a, b, c, d 순으로) 나열하는 것을 말합니다. 가족들의 영어 이름을 사전식으로 배열했을 때, 몇 번째에 나오는지 구해 보세요.

(4) 매키가 푼 계단의 암호는 계단이 6개인 경우였습니다. 계단을 오르는 경우의 수를 구하는 방법을 설명하고, 계단의 개수에 따라 오르는 경우의 수의 규칙을 찾아보세요.(단, 한 번에 오를 수 있는 계단의 수를 계단의 수 이하로 합니다.)

3. 최단 경로에 대해 탐구해 봅시다.

(1) 격자 모양의 길에서 최단 경로를 구하는 방법에 대해 설명해 봅시다.(구체적으로 그림을 그려서 설명하고, 공식을 사용할 경우라면 그 과정을 증명하세요.)

(2) 같은 것(중복된 것)을 포함하는 경우의 수를 구하는 방법의 공식을 설명하고, 최단 경로를 구하는 공식을 이용해서 구해 보세요.

(3) 입체도형에서의 최단 경로에 대해 생각해 보세요.

(4) 다양한 장애물이나, 반드시 지나야 하는 지점, 지름길 등이 있는 지도를 직접 만들고 최단 경로의 경우의 수를 구해 보세요.

1. 주사위 눈의 합에 대해 탐구해 봅시다.

나는 주사위에 대한 연구를 할것이다.

① 주사위 연구
i) 주사위 2개 → 36 경우, 가장 유리한수는 7
ii) 주사위 3개 → 216 경우,
  나는 이것을 표로 그리기 어렵고 일일히 하기도 어려움으로 나는 주사위 2개를 찾는 경우의수를 이용 하겠다.

합3 → (1,1,1) → 1가지
합4 → (1,a,b) a+b=3 → 2가지 } → 3가지
    → (2,a,b) a+b=2 → 1가지
합5 → (1,a,b) a+b=4 → 3가지
    (2,a,b) a+b=3 → 2가지 } → 6가지
    (3,a,b) a+b=2 → 1가지
합6 → (1,a,b) a+b=5 → 4가지
    → (2,a,b) a+b=4 → 3가지
    → (3,a,b) a+b=3 → 2가지 → 10가지
    → (4,a,b) a+b=2 → 1가지
합7 → (1,a,b) a+b=6 → 5가지
    ⋮   → 5+4+3+2+1=15가지
    (5,a,b) a+b=2 → 1가지
합8 → (1,a,b) a+b=7 → 6가지
    ⋮   → 6에서 1까지 합
    (6,a,b) a+b=2 → 1가지   → 21

+	1	2	3	4	5	6
1	2	3	4	5	6	7
2	3	4	5	6	7	8
3	4	5	6	7	8	9
4	5	6	7	8	9	10
5	6	7	8	9	10	11
6	7	8	9	10	11	12

합9 → (6,a,b) → a+b=3 → 2가지
    (2,a,b) → a+b=7 → 6가지   → 2~6까지 합 +5
    (1,a,b) → a+b=8 → 5가지   = 20+5
                                   = 25
합10 → (6,a,b) → a+b=4 → 3가지
    ⋮
    → (2,a,b) → a+b=8 → 5가지   → 3~6까지 합 +4
    → (1,a,b) → a+b=9 → 4가지   = 18+9
                                   = 27
합11 → (6,a,b) → a+b=5 → 4가지
    → (3,a,b) → a+b=8 → 5가지   → 4~6까지 합 +5+
    → (2,a,b) → a+b=9 → 4가지   4+3
    → (1,a,b) → a+b=10 → 3가지   = 15+12
                                   = 27
합12 → (6,a,b) → a+b=6 → 5가지
    ⋮
    (4,a,b) → a+b=8 → 5가지   → 5+6+5+4+3+2
    (3,a,b) → a+b=9 → 4가지   = 20+5
    (2,a,b) → a+b=10 → 3가지   = 25
    (1,a,b) → a+b=11 → 2가지

여기서 규칙이 있는 것같다.
3, 6, 10, 15, 21, 25, 27, 27, 25

위와 같이 27(2개의)을 중심으로 이렇게 되는 것 같다. 1개만
더해보자.

합 $13 \to (6,a,b)$ $a+b=7 \to$ 6가지
$(5,a,b)$ $a+b=8 \to$ 5가지
⋮
$(1,a,b)$ $a+b=12 \to$ 1가지

$6+5+4+3+2+1 = 21$

내가 생각해 것이 맞았다.

그다음은 10과 11이 가장 유리하다.
그리고 확률은 둘다 $\frac{27}{6\times6\times6} = \frac{27}{216}$ 이다.

2개
2 3 4 5 6 ⑦ 8 9 10 11 12   ⑦

3개
3 4 5 6 7 8 9 ⑩ ⑪ 12 13 14 15 16 17   10, 11

그런데 이수들은 끝수를 2로 나눈 다음 +1 한 것이다.
그리고 거꾸로 해서 작수가 되면 ÷2+2 가 되는 것이라 추측이 된다.
그러므로 4는 $24÷2+1=13$으로 13만 추측된다.
그리고 13의 확률은 다음과 같다.

$13 \to (1,a,b,c) \to a+b+c=12 \to$ 25가지 ✓
$(2,a,b,c) \to a+b+c=11 \to$ 27가지 ✓
$(3,a,b,c) \to a+b+c=10 \to$ 27가지 ✓
$(4,a,b,c) \to a+b+c=9 \to$ 25가지
$(5,a,b,c) \to a+b+c=8 \to$ 21가지
$(6,a,b,c) \to a+b+c=7 \to$ 15가지 ✓
$(7,a,b,c) \to a+b+c=6 \to$ 10가지 ✓
$(8,a,b,c) \to a+b+c=5 \to$ 6가지
$(9,a,b,c) \to a+b+c=4 \to$ 3가지 ✓
$(10,a,b,c) \to a+b+c=3 \to$ 1가지 ✓

$50+30+55+25 = 80+80 = 160$

확률: $\frac{160}{1296}$

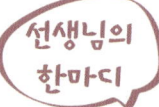 선생님과 함께 주사위를 여러 개 던졌을 때 나오는 눈의 합 중 가장 많이 나오는 수를 찾아볼까?

먼저 주사위가 2개인 경우와 3개인 경우를 정말 잘 구했어. 그 결과를 정리하면 다음 표와 같아.

주사위의 개수	합의 최솟값	합의 최댓값	최솟값과 최댓값의 평균	가장 많이 나오는 수
2	2	12	7	7
3	3	18	10.5	10, 11

그럼 최솟값과 최댓값의 평균과 가장 많이 나오는 수 사이에 관계가 있는 것을 알 수 있겠지?

이번에는 주사위가 4개인 경우에 대해서도 탐구해 볼까? 주사위 4개를 던진 경우에는 합의 최솟값이 4이고 최댓값이 24이므로, 이 두 수의 평균인 14가 가장 많이 나오는 수가 될 거야. 그럼 14가 가장 많이 나오는지 계산해 볼까?

4개의 주사위에서 나온 눈을 a, b, c, d라고 하고 합이 14가 나오는 경우의 수를 구해 보면 다음 표와 같이 되는데, 합이 13이나 15가 되는 경우의 수를 찾아보면 쉽게 비교할 수 있어.

합이 14인 경우

a	b+c+d	경우의 수
1	13	21
2	12	25
3	11	27
4	10	27
5	9	25
6	8	21

합이 13인 경우

a	b+c+d	경우의 수
1	12	25
2	11	27
3	10	27
4	9	25
5	8	21
6	7	15

합이 14인 경우의 수는 146이고 합이 13인 경우의 수는 140이니까 확실히 합이 14인 경우의 수가 더 크지? 합이 15인 경우를 구해 보면 합이 13인 경우와 같아. 결국 주사위를 4개 던진 경우 가장 많이 나오는 수는 14네. 그럼 규칙을 정리해 볼까?

따라서 주사위 눈의 합이 가장 많이 나오는 수의 규칙은 합의 최솟값과 최댓값의 평균이고, 평균이 자연수가 아닌 경우에는 그 양쪽 두 수가 가장 많이 나오는 수라고 결론을 내릴 수 있어.

주사위의 개수	합의 최솟값	합의 최댓값	최솟값과 최댓값의 평균	가장 많이 나오는 수
2	2	12	7	7
3	3	18	10.5	10, 11
4	4	24	14	14
5	5	30	17.5	17, 18
6	6	36	21	21
7	7	42	24.5	24, 25

함께 풀어 봐요!

2. 경우의 수에 대해 탐구해 봅시다.

두 명의 범인을 잡는데 성공했다. 지금부터 이 내용에 나온 순열에 대해 놓아보자. 순열(permutation)은 서로 다른 n개의 원소에서 m개를 중복을 허용하지 않고 선택하여 순서있게 늘어놓은 것을 $_nP_r$로 표시한다. r개의 칸에 배열한때, 첫 번째 칸에는 n개의 모든 원소를 배치할수 있고 두 번째 칸 에는 첫번째 칸에 사용한 1개의 원소를 제외한 n-1개를 배열하수 있으므로 곱의 법칙을 적용하면 이것이 바로 순열의 계산 방법이 된다. (순열과 조합을 쓸때에는 '팩토리얼'이라는 단어가 나오는데 팩토리얼을 기호로 쓰면 !이고 1!=1, 2!=2×1, 3!=3×2×1, 4!=4×3×2×1, 5!=5×4×3×2×1, 6!=6×5×4×3×2×1, 7!=7×6×5×4×3×2×1 이다.) 원순열을 하기위해 순열을 계산하는 방법을 알아보자. $_1P_1$=1!=1, $_2P_2$=2!=2, $_3P_3$=3!=6, $_4P_4$=4!=24, $_5P_5$=5!=120, $_6P_6$=6!=720, $_2P_1$=2, $_5P_3$=5×4×3=60, $_{10}P_4$=10×9×8×7=5040, $_8P_7$=8×7×6×5×4×3×2=40320 이다. 이제 원순열을 해 보자. 원순열(circular permutation)은 서로 다른 n개를 원형으로 배열하는 것을 말한다. 서로 다른 n개를 원형으로 배열하는 원순열 값은 다음과 같다. $\frac{n!}{n}$=$\frac{n!}{n}$=(n-1)! 이다. 일렬로 배열하는 순열보다 경우의 수가 줄어드는 논리는 다음과 같다. 순열의 경우 순서가 정해지기 때문에 순서를 바꾸게 되면 다른 배열이 된다. 그러나 원순열은 시작점을 독벽히 정할수 없고 원형의 특자가 회전 가능하다는 것에 기존의 배열에서 1칸씩 밀려 앉게 되도 전체의 배열은 바뀌지 않는다. 내 좌우에 앉는 원소가 변동되지 않기 때문이다. 따라서 n개를 배열하는 n!의 경우의 수 에서 동정한 배열은 1칸씩 밀려 앉은 경우가 좌석수 n개 만큼 생기므로 각각의 배열이 n 만큼 중복되게 된다. 따라서 n!을 n으로 나누어 주게 되면 (n-1)!이 원순열 값이 되는 것이다. 이제 여기까지 원순열 값을 풀어보자.

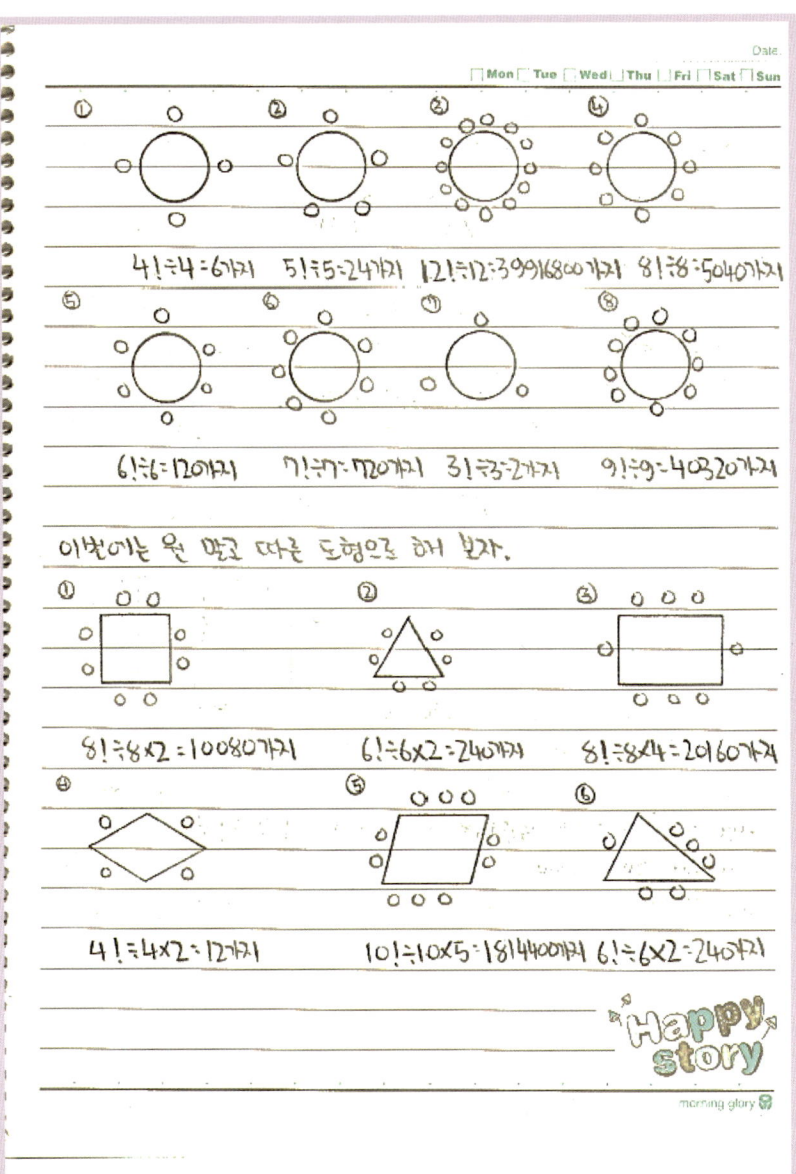

〈사전식 배열〉

내가 이 책을 읽게 된 동기는 이 책을 읽고 '사전식 배열'에 대해 일기를 써야 하기 때문이다. 오늘 일기에서는 두가지를 할것이다. 한가지는 사전식 배열을 만들어 보는 것, 또 한가지는 내 가족들의 영어이름 으로 사전식 배열을 해 보는 것이다. 먼저 알파벳 으로 사전식 배열을 해 보자.

① 알파벳을 여러가지 사용해 나타낼수 있는 경우의 수 구하기

1. a : 1! = 1가지
2. ab : 2! = 2가지
3. abc : 3! = 6가지
4. abcd : 4! = 24가지
5. abcde : 5! = 120가지
6. abcdef : 6! = 720가지
7. abcdefg : 7! = 5040가지
8. abcdefgh : 8! = 40320가지
9. abcdefghi : 9! = 362880가지
10. abcdefghij : 10! = 3628800가지
11. abcdefghijk : 11! = 39916800가지
12. abcdefghijkl : 12! = 479001600가지

② 여러가지 영어단어를 사용해 사전식 배열 경우의 수 구하기

1. bag (가방) = 3번째
1) abg
2) agb
3) bag
4) bga
5) gab
6) gba

2. coin (동전) = 3번째
1) cino
2) cion
3) coin
4) coni
5) icno
6) icon

3. tree (나무) = 12번째
1) e □□□ = 3! = 6가지
2) r □□□ = 3!/2! = 3가지
3) teer
   tere
   tree

4. school (학교) = 303번째
1) c □□□□ 5!/2! = 60가지
2) l □□□□ 5!/2! = 60가지
3) h □□□□ 5!/2! = 60가지
4) o □□□□ 5! = 120가지
5) schloo
   scholo
   school

5. jelly (젤리) = 7번째
1) e □□□□ 4!/2! = 6가지
2) jelly

③ 가족들의 영어 이름으로 사전식 배열 경우의 수 구하기

1. Sean (내 이름) = 15번째
   1) a☐☐☐ 3! = 6가지
   2) e☐☐☐ 3! = 6가지
   3) n☐☐☐ 3! = 6가지
   4) Saen
      Sane
      Sean

2. Carol (엄마 이름) = 28번째
   1) a☐☐☐☐ 4! = 24가지
   2) Calor
      Cairo
      Carlo
      Carol

2. kevin (아빠 이름) = 54번째
   1) e☐☐☐☐ 4! = 24가지
   2) i☐☐☐☐ 4! = 24가지
   3) keinv
      keivn
      keniv
      kenvi
      kevni
      kevin

3. Kyle (삼촌 이름) = 10번째
   1) e☐☐☐ 3! = 6가지
   2) Kely
      Keyl
      Kyel
      Kyle

6. anory (할아버지 이름) = 1번째
   1) anory

5. mary (할머니 이름) = 7번째
1) a☐☐☐ 3! = 6가지
2) mary

나는 사전식 배열이 이렇게 재미있는 것 여태까지 몰랐고, 다음번에 사전식 배열 넣기를 또 쓰게 된다면 그때는 10글자로 해보고 싶다.

두번째로 계단 오르는 경우의 수를 연구해보겠습니다.

① 한 번에 세 계단까지 오를 수 있을 때

계단 6개
1111 131 321
1112 132 33

1까지	1 1	111	1111	11111 2111	1121 2111
	2	12	112	1112 212	1113 2112
	2가지	21	121	1121 221	1121 2121
		3	13	113 23	1122 213
		4가지	211	1211 311	1131 2211
			22	122 32	1211 222
			31	131	1212 231
			7가지	13가지	1221 3111
					123 312
					24가지

계단의 개수	1개	2개	3개	4개	5개	6개	7개	8개
오를 수 있는 방법의 개수	1가지	2가지	4가지	7가지	13가지	24가지	44가지	81가지

규칙 : 계단이 n개 있을 때 오를 수 있는 방법의 개수는 n-1번째 방법의 개수 + n-2번째 방법의 개수 + n-3번째 방법의 개수이다. Good!

② 한 번에 네 계단까지 오를 수 있을 때

계단 4개   계단 5개

1가지	1	11	111	1111 211	11111 1211 212 32
		2	111	112 22	1112 122 221 41
		2가지	12	121 31	1121 131 23
			21	13	113 211 311
			3		
			4가지	7가지	14가지

계단 6개

111111 12111 1212 132 2121 231 33   → 27가지
1112   1122 1221 141 213 3111 411
1121   1131 123   2111 2211 312 42
1113   1211 1311 2112 222 321

계단의 개수	1개	2개	3개	4개	5개	6개	7개	8개
오를 수 있는 방법의 개수	1가지	2가지	4가지	7가지	14가지	27가지	52가지	100가지

규칙: 계단이 n개 있을 때 오를 수 있는 방법의 개수는 n-1번째 방법의 개수 + n-2번째 방법의 개수 + n-3번째 방법의 개수 + n-4번째 방법의 개수이다.

세번째로, 파스칼의 삼각형에 대해 연구해보겠다. 파스칼의 삼각형 위의 두 수를 더해서 수를 만드는 규칙이 있다. 그러니까, 안쪽에 수가 5 6이 있으면 5,6이 된다. 파스칼의 삼각형을 그려보겠다.

이 파스칼의 삼각형에서
규칙을 몇 개 찾아보겠다.
① 1이 맨 옆에 계속 있다.
② ①라인의 바로 옆에 연속된 자연수가 있다.
③ ②라인의 바로 옆에 삼각수가 있다.

```
        1
       1 1      ← 자연수
      1 2 1     ← 삼각수
     1 3 3 1    ← 사면체수
    1 4 6 4 1
   1 5 10 10 5 1
  1 6 15 20 15 6 1
```

④ ③라인의 바로 옆에 사면체수가 있다.
⑤ 각 행의 합은 다 2의 거듭제곱이다.
⑥ 각 행을 그냥 수를 차례대로 읽으면 11의 거듭제곱이다.
⑦ 하키채 모양의 합 (예) 1+2+3=6, 1+3+6+10=20
⑧ 각 행을 그냥 수를 차례대로 읽으면 대칭이다.

 이번 탐구주제는 결국 원순열과 비교해서 몇 가지의 다른 경우가 생기는지 살펴보면 되는 거잖아? 네가 원형 탁자에 앉는 경우의 수는 정말 잘 구했는데, 원이 아닌 도형에 앉는 경우의 수를 구할 때는 조금 더 원리를 이해해야 할 것 같아. 6명이 직사각형 테이블에 앉는 경우에는 A에서 시작하는 경우와 B에서 시작하는 경우가 다르고, 또 C에서 시작하는 경우가 다르지? 그런데 D에서 시작하면 A에서 시작하는 경우와 똑같네. 그럼 어떻게 계산해야 할지 알겠지?

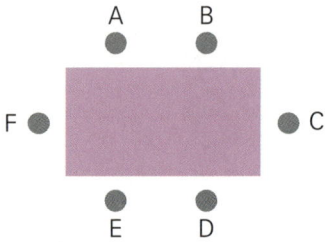

네가 그린 다양한 모양의 테이블에서의 경우의 수도 꼭 다시 한 번 계산해 보길 바란다.

이번에는 계단을 오르는 방법에 대해 살펴볼게. 먼저, 책 속의 매키가 해결한 것처럼 계단이 1개인 경우부터 계단의 개수를 늘려 가면서 경우의 수를 찾다 보면 규칙을 찾을 수 있어.

계단	방법	경우의 수
1	(1)	1
2	(1, 1) (2)	2
3	(1, 1, 1) (1, 2) (2, 1)	3
4	(1, 1, 1, 1) (1, 1, 2) (1, 2, 1) (2, 1, 1) (2, 2)	5
5	(1, 1, 1, 1, 1) (1, 1, 1, 2) (1, 1, 2, 1) (1, 2, 1, 1) (1, 2, 2) (2, 1, 1, 1) (2, 1, 2) (2, 2, 1)	8
6	(1, 1, 1, 1, 1, 1) (1, 1, 1, 1, 2) (1, 1, 1, 2, 1) (1, 1, 2, 2) (1, 1, 2, 1, 1,) (1, 2, 1, 1, 1) (1, 2, 1, 2) (1, 2, 2, 1) (2, 1, 1, 1, 1) (2, 1, 1, 2) (2, 1, 2, 1) (2, 2, 1, 1) (2, 2, 2)	13

이렇게 경우의 수를 표로 나타내 보니 훨씬 쉽지? 아무튼 경우의 수의 규칙을 찾아보니 이 수열은 앞에 있는 두 수를 더하면 다음 수가 되는 규칙이 있다는 것을 알 수 있어. 1+2=3이고 2+3=5, 3+5=8, 5+8=13, 이런 식으로 변하잖아. 그러니 계단이 7개인 경우는 직접 세어 보지 않아도 8+13=21가지 경우가 있다는 것을 알 수 있어! 신기하지?

이 규칙을 처음 발견한 수학자는 피보나치(Leonardo Fibonacci)라서 피보나치 수열이라고 한단다.

그럼 이번에는 한 번에 계단을 3개까지 올라갈 수 있을 때의 경우의 수를 계단이 5개인 경우까지 찾아보자. 다음의 표를 보면 경우의 수를 알 수 있을 거야. 이 표를 잘 보면 1로 시작하는 경우, 2로 시작하는 경우, 3으로 시작하는 경우로 구분해 놓았는데 이렇게 나누고 보니 어떤 규칙이 생기는지 한눈에 알 수 있겠지?

빨간색, 파란색, 초록색 부분들을 보면 결국 계단이 5개인 경우는 (계단이 4개인 경우+3개인 경우+2개인 경우)의 값이 된다는 것을 알 수 있지. 그렇다면 계단이 6개인 경우는 1로 시작하는 경우가 13가지, 2로 시작하는 경우가 7가지, 3으로 시작하는 경우가 4가지야. 그래서 총 24가지가 되지.

계단	방법			경우의 수
1	(1)			1
2	(1, 1)	(2)		2
3	(1, 1, 1) (1, 2)	(2, 1)	(3)	4
4	(1, 1, 1, 1) (1, 1, 2) (1, 2, 1) (1, 3)	(2, 1, 1) (2, 2)	(3, 1)	7
5	(1, 1, 1, 1, 1) (1, 1, 1, 2) (1, 1, 2, 1) (1, 1, 3) (1, 2, 1, 1) (1, 2, 2) (1, 3, 1)	(2, 1, 1, 1) (2, 1, 2) (2, 2, 1) (2, 3)	(3, 1, 1) (3, 2)	13

3. 최단 경로에 대해 탐구해 봅시다.

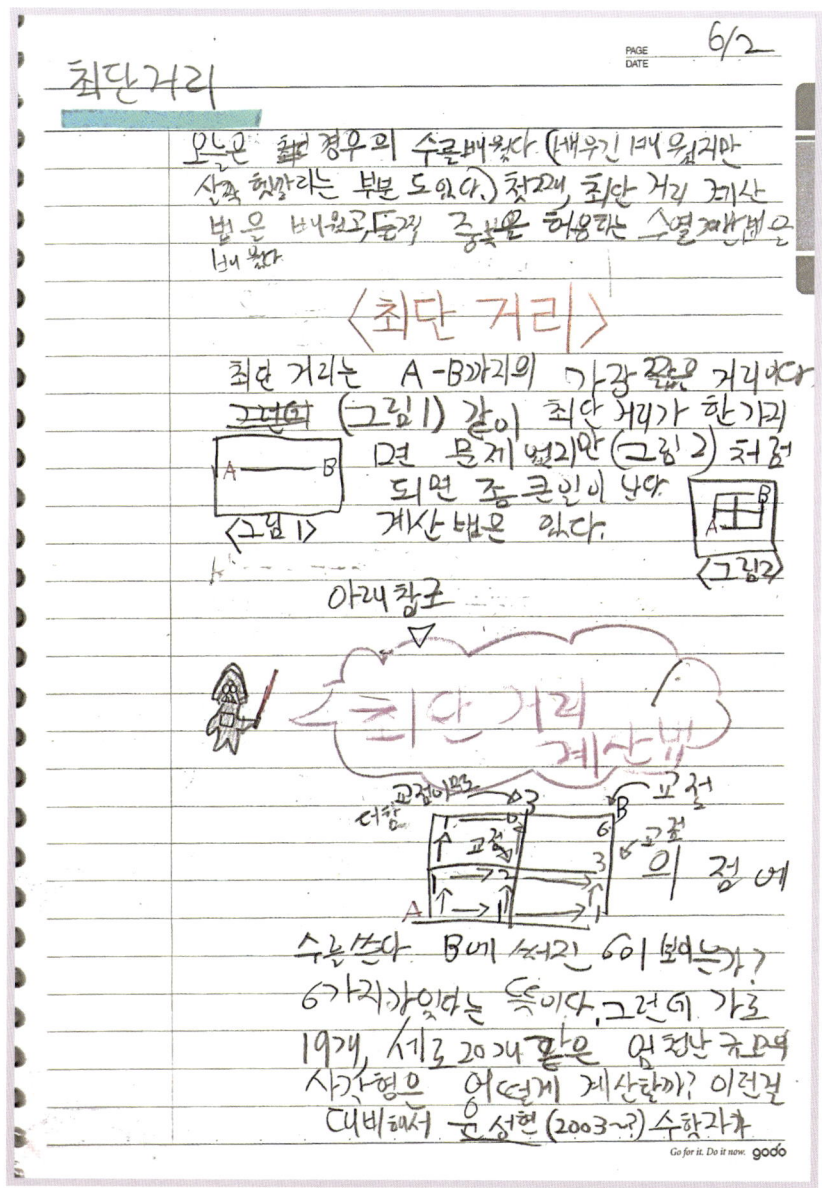

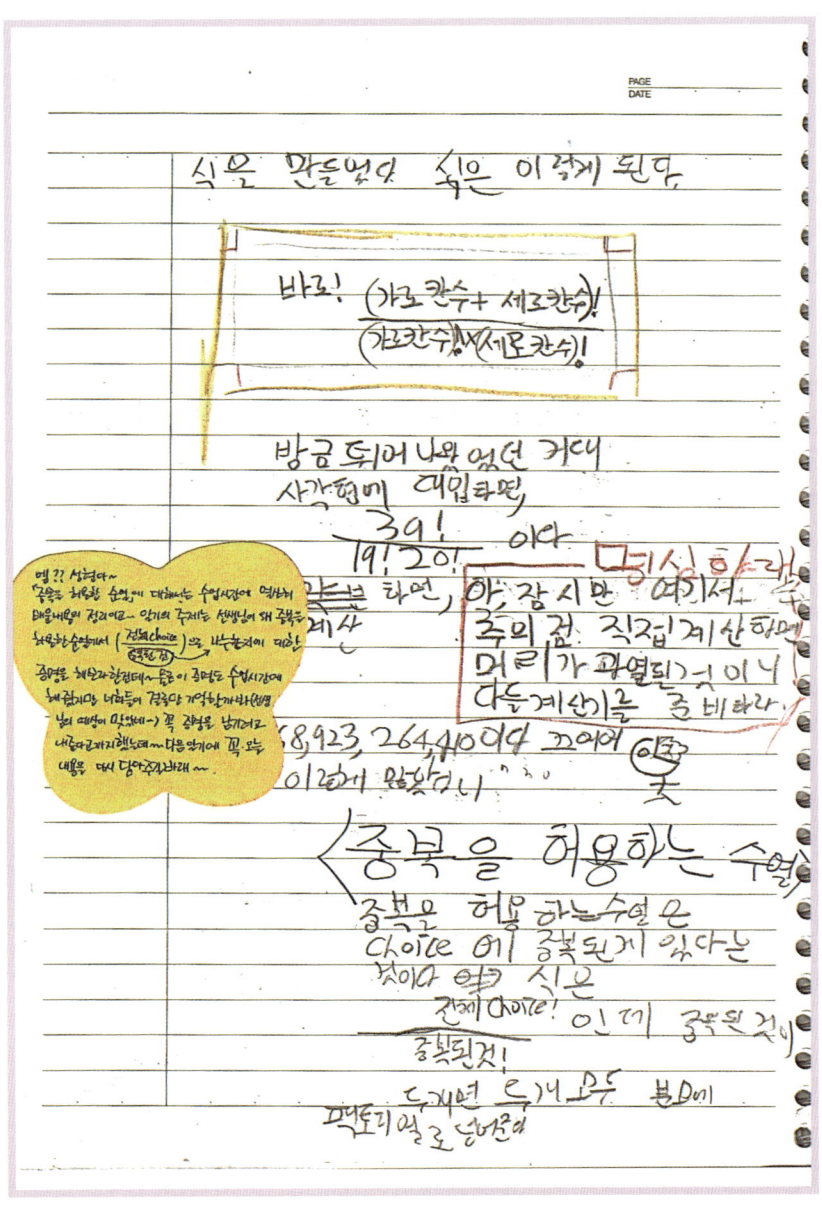

이 page는 강호경쑥 등장하는
경우의 수 구하기에 대한 연구 page
입니다.

ㅠㅠ 지난여름 또 (중요) 이 없어서

다시 앞순서께 생각과 중복의 ☆에
대한 식을 표현 주겠당

<중복을 허용하는 순열>

"중복을 허용한 순열이 뭘까?"........예...
라고 생각 하는 사람들에게 말하는데
(강조)한다. 이거 choice에 중복되는 게 있다는거다.
중복 되게 나열하는 거 아니다. 알겠노? 응!?
잘 알단 식은 이거다. (전체 choice!)
                    중복된것의 수!

예를들어, 서로 다른 A B C 카드를 줄세우는
방법: abc 이다.   aac
       acb   aca
       bac   2개   aac → 3가지
6가지 bca   중복 aca
       cab   허용   caa
       cba   나옴   caa
              같은경우 (2!) 생김

∴ 전체공 2! 로 나눔   3!/2! = 3.

이 page는 김경욱동학과 경우의수 구하기에 대한 친구 page입니다.

최단정리의 공식이 왜 그런지 알아보겠다.

이곳이 앞으로면, 가로 줄을 a로두고, 세로 줄을 b로 둘것판 아래, 최단 거리로 간다면, a도 3번, b도 3번 지나 야 한다. 그래서 a 3개 와 b 3개를 나열할수 있는 방법의 개수 가 $6 \times 5 \times 4 \times 3 \times 2 \times 1$ 이다. 왜 냐 하면, 첫 번째 자리에 있는것이 들어갈수 있는것이, a 3개 와 b 3개 중 6개고, 2번 째 는 첫번 자리를 빼면 나머지이니까, 5개 고 해서 $6 \times 5 \times 3 \times 2 \times 1$ 이다. 그럼, 왜 나누기 를 했을까? 그건, $a^1 a^2 a^3$, $a^1 a^3 a^2$, $a^2 a^1 a^3$, $a^2 a^3 a^1$, $a^3 a^1 a^2$, $a^3 a^2 a^1$ 가 다 같이 대응이 다. 또 b 도 아찬 가지로 6개로 해야한다. 이렇게 하면, 선생님 거로을 길이다. 왜 6으로 안 나누고, $3 \times 2 \times 1$ 로 2개 나누었냐고 하면, 그건 a 와 b 를 따로 계산 했을 때, a 자리 첫 째에 3개, a 자리 둘 째번째, a 자리 3째 에 1개가 들어가기 때문이야. 그래서

$$\frac{6 \times 5 \times 4 \times 3 \times 2 \times 1}{3 \times 2 \times 1 \quad 3 \times 2 \times 1}$$

good!! 5야!!

을 한 것이다.

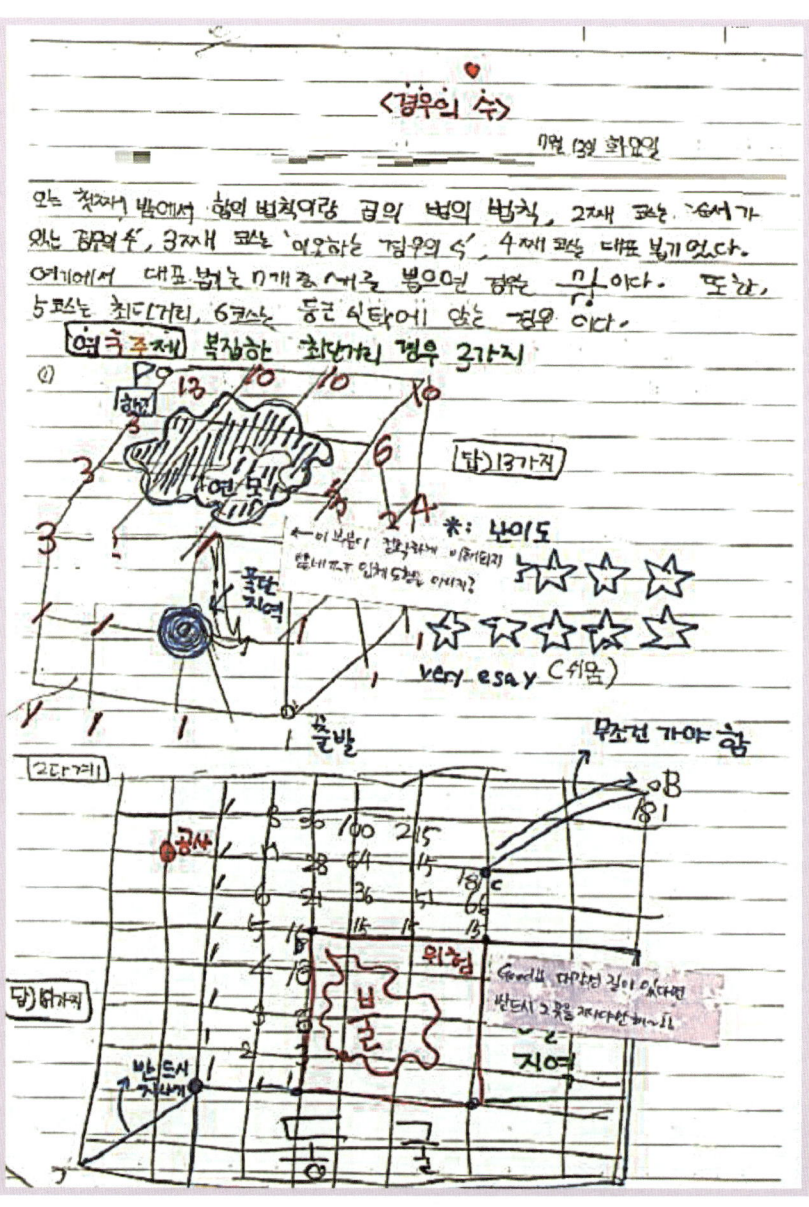

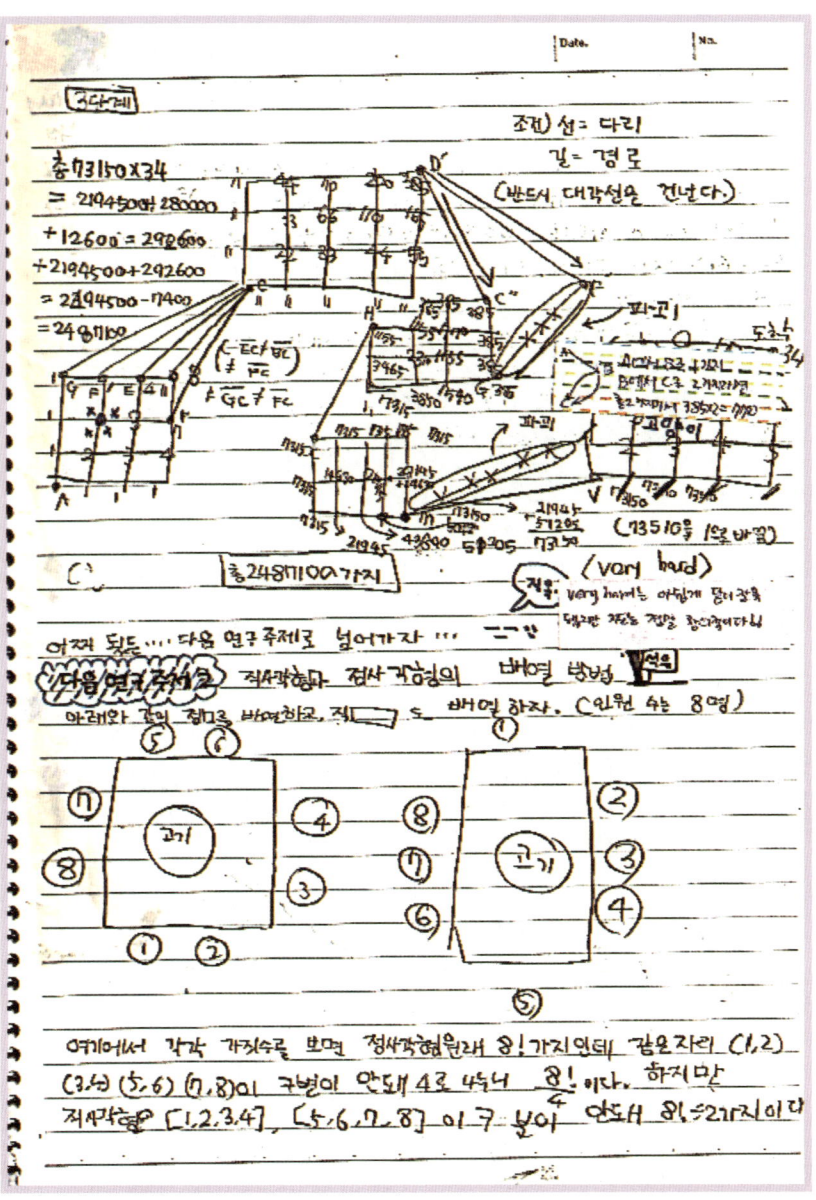

 와! 공식분만 아니라 그 공식이 나오게 된 이유까지 정말 잘 설명했구나. 그래서 선생님이 더 설명해 줄 필요가 없는 것 같구나. 그러면 한 가지 재미있는 사실을 알려 줄게.

같은 것을 포함하는 경우의 수는 최단 경로를 구하는 도형에서뿐만 아니라 문자를 나열할 때도 많이 사용되고 있어.

예를 들어, 'mathmatics'를 일렬로 나열한다면, 당연히 알파벳이 10개 있으니 10!가지가 있어. 그런데 여기서 끝이 아니겠지? 네가 말한 것처럼 m이 두 개이니 m_1과 m_2의 위치가 바뀌어도 같은 경우이기 때문에 m 2개를 일렬로 나열하는 경우의 수인 2!, 같은 방법으로 a도 2개, t도 2개이므로 $\frac{10!}{2! \times 2! \times 2!}$=453,600 가지나 된단다.

경우의 수는 우리 일상에서 유용하게 사용되는 경우가 많단다. 이 책에서 배운 여러 가지 경우의 수를 구하는 방법으로 매키처럼 중요한 순간에 문제해결 전략으로 잘 사용하길 바랄게.